はじめに

「この石垣はいつの時代でしょうか」。現場で石垣を見ていると、こんな質問をよく受ける。「近世ですわ」と答えると、ちょっとがっかりした表情になるのは、きっと「戦国」の言葉を期待していたからだろう。戦国には戦国なりの石の積み方、石材の採り方があるため、石垣を見れば戦国ではないと判断できるのである。かといって、城や石垣にかかわる職場や研究にたずさわっていなければ、そうそう多くの石垣を見くらべることなどできない。だとするなら、誰でもが「戦国の石垣とは、こんなもんだ」とおおざっぱにわかる石垣の見方を、ひとつまとめてみよう、というのが本書のねらいである。

城と石垣の歴史は、古代山城《さんじょう》を考えれば、七世紀にまでさかのぼるのだが、本書でターゲットを戦国時代にしぼったのは、最近、日本全国各地の城跡で戦国期の石垣が多く確認されているからである。数が増えれば増えるほど、共通項や相違点も次第にわかってきて、時代の個性や地域の特性などが、ようやくぼんやりとだが、見え始めてきたのである。

本書は、その最前線の成果の一部を一般の方にもわかりやすく、多くの写真を載せながら解説していきたい。もちろん、まだ確定していない事柄もあるため、推測をまじえることになる。現時点での私自身の見解として受け取ってもらいたい。

さて、戦国の城郭石垣は、大きくわけて二つのタイプに分かれると考えている。一つは石を壁面にはりつけるだけのタイプで、もう一つは石材と地山のあいだに栗石《ぐりいし》（裏込石《うらごめいし》とも）を詰め込むタイプである。私は前者を〝石積み〟、後者を〝石垣〟と分けるべきだと考えている。技術がまったく違うからだ。

石積みは、城を築く場所で採集できる自然石や、ざっくりと割りとった粗割《あらわり》石を使うことがほとんどである。高さも4メートルは越えず、数段ほど積み上げる。ほぼ垂直に積むのも特徴である。日本列島の各地では、十五世紀後半以降、こうした石積みが多く築かれ始める。最近明らかになった重要な歴史的事実である。

Ⅰ章では石積み・石垣の分布と構造、技術の概略などを紹介し、Ⅱ章では安土築城以前の用例を中心に紹介したい。Ⅳ・Ⅴ章では、信濃と播磨・備前の事例をもって戦国の石積み・石垣を具体的にとりあげる。各章を通観すればわかるように、もはや戦国時代の城においては、石積みはそう珍しい施設ではなく、曲輪や切岸、堀切や土塁と同等の城郭施設であったようだ。

石積みではなく、石垣が城に採用され始めるのは、戦国時代の後半、十六世紀代も半ば過ぎになる。かつては、戦国時代にはほとんど石垣は用いられず、本格的に石垣を城に導入したのは織田信長だと考えられていた。ところが、最近では、この評価には修正が必要になってきた。天正《てんしょう》四年（一五七六）の安土《あづち》築城をさかのぼること二十年前、弘《こう》治《じ》二年（一五五六）の段階で、近江守護六角《ろっかく》氏が居城の観音寺《かんのんじ》城に石垣を築くのである。巨大な石材を用いた石垣であり、高さ10メートルに及ぶ箇所もある。加えて栗石も充填しており、矢穴技法による採石痕も確認されている。かなり高度な技術によって築かれた石垣なのである。

さらに三好長慶《ながよし》が天文《てんぶん》二十二年（一五五三）に入城した芥川《あくたがわ》城と、永禄《えいろく》三年（一五六〇）の飯盛《いいもり》城でも、石垣が多用されていることが明らかになった。飯盛城では城域の大部分に石垣が築かれていることを分布調査によって確認している。いずれも巨石を用い、背面には栗石が充填されている。この巨石の採用は重要なポイントで、のちの織田信長の築城にも通じるし、近世城郭の石垣にも連綿と受け継がれてゆくのである。

こうした観音寺城や芥川城、飯盛城の石垣は、安土築城以前の石垣としてたいへん貴重な資料である。Ⅱ章でくわしくとりあげるように、六角氏や三好氏のほか、越前の朝倉氏も一乗谷の館に石垣を採用している（山城には使わない）。さらに信長も安土城以前に拠点としていた小牧山《こまきやま》城・岐阜《ぎふ》城で石垣を築いている。いずれも畿内近国の事例だが、彼ら戦国武将はどこから石垣の技術（石積みではない）を取り入れたのだろうか。

私の想定では、石材の採石・加工には専門の職人が欠かせず、彼らを雇用するのだと考えている。築城主体である六角氏・三好氏・朝倉氏・織田氏等の武家領主は、職人を丸抱えはせず、必要なときに必要な人材と資材を確保したのではないだろうか。その職人たちは、ふだんは寺社勢力のもとで働いていたのだと考えている。Ⅲ章では、この採石技術の一つである矢穴技法にスポットを当て、穴太積みといわれている石工職人の実態にも迫りたい。

最後のⅥ章では戦国の石積み・石垣の特徴がよりよく理解できるよう、織田・豊臣期の石垣をいくつかとりあげた。比較することによって時期差はより明瞭になるだろう。

ところでなぜ、戦国武将は城に石積み・石垣が必要だと考えたのだろうか。難しい問題である。壁面の保護といった要因はもちろんあるが、石垣の構築に関しては最近、巨石の利用に象徴されるように、「見せる」石垣、権威の象徴といった捉え方が主流になっている。でもなぜ、武将たちは城を「見せる」必要にかられたのだろうか。城をたんなる防御施設だとする考え方だけでは理解の及ばない、城に対する武将たちの思考が石垣に表現されているのではないか。そうした見通しをもっているが、本書では十分な答えを用意できていない。今後の課題である。

まだまだ、わからないことはたくさんあるけれど、日本の戦国史を読み解く材料として、あるいは城を訪ねるときの楽しみの一つとして、戦国の石積み・石垣の見方が本書を通して少しでも理解してもらえたなら、幸いである。

目次

Ⅲ　近江の石垣と矢穴技法

Ⅳ 信濃の石垣・石積み

Ⅴ 播磨・備前の石垣　置塩城の年代と築城主体

Ⅵ　織豊期城郭の石垣

★コラム 用語解説1　石積み・石垣・石塁

石積み　高さは4㍍以下で傾斜角度は垂直に近い。背面に栗石を用いない。石材は自然石や粗割石が主体。

石垣　高さは4㍍を超え、傾斜角度は若干の勾配をもつ。背面に栗石を充填する（コラム4参照）。

石塁　石垣・石積みは曲輪などの斜面の一面だけに石を積むが、石塁は塀のように両面に石垣を積むもの。沖縄のグスクの多くは石塁となる。日本では石塁上に塀などを設けている。

鉢巻石垣・腰巻石垣　斜面の上端に三〜五段程度に石を積み上げる石垣を鉢巻石垣、斜面の下端に三〜五段程度の石を積み上げる石垣を腰巻石垣と呼ぶ。関東以北の城に用いられる事例が多い。

巻き石垣　石垣は地震、大雨、経年などで孕みや崩落を起こす。その孕み部分の前面に崩落防止のために張り出して築いた石垣を巻き石垣と呼ぶ。

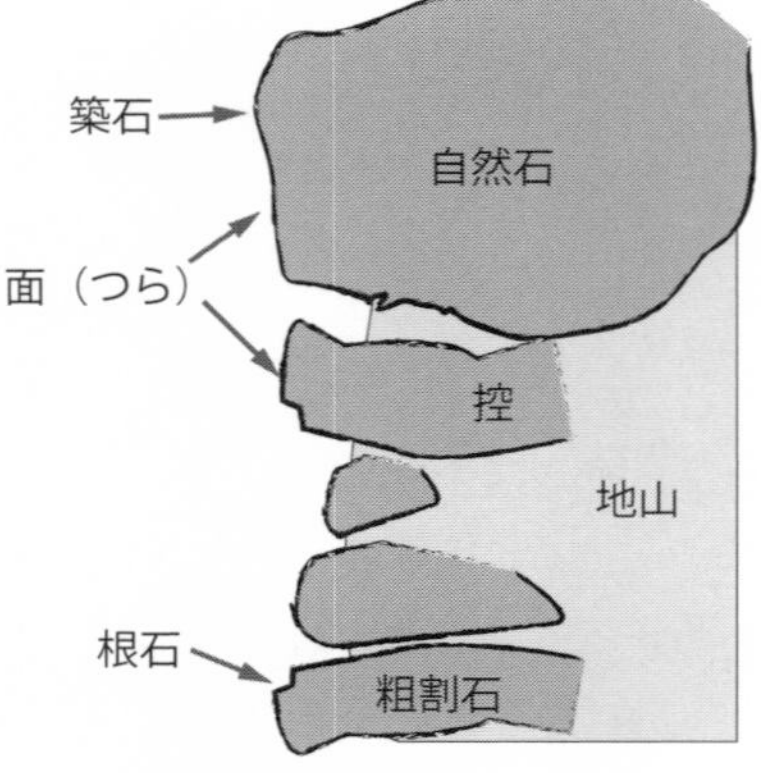

石積みの断面イメージ図

石塁　具志川グスク（沖縄県久米島）

巻き石垣（復元）　鳥取城（鳥取県）

I 戦国の城と石垣

飯盛城の石垣

写真1　彦根城天守　慶長11年（一六〇六）

はじめに

織田信長と豊臣秀吉。戦国の乱世をおさめて天下統一をめざした武将である。この織田・豊臣両政権を中心にうごいた時代を「織豊《しょくほう》期」と言い（安土桃山時代とも）、この時代に築かれた城郭を歴史学や考古学の専門家は「織豊系城郭」とよんでいる。

かつてわたしは、この織豊系城郭の特質として、石垣、瓦、礎石建物の導入を提唱したことがある。この三つの要素は信長や秀吉の居城では石垣は高石垣、瓦は金箔《きんぱく》瓦、礎石建物は天守（主）と言い換えられる。天守は近世城郭でおなじみの、二階建て以上の高層建築物をイメージしてもらえればわかりやすいだろうが、すべてに天守があるわけではない。

こうした織豊系城郭の特質はあくまでも三つの要素がリンクすること、つまり同時に導入されていることにある。石垣も瓦も礎石建物も、単体としての城郭への導入なら、織豊系城郭以前に求められるし、決して織豊系城郭が初源になるわけでもない。たとえば石垣は、天正《てんしょう》四年（一五七六）の安土《あづち》築城を嚆矢とするのではなく、その萌芽は十五世紀後半にはあらわれる。特に石垣の導入は、列島

写真２　安土城出土の金箔瓦　天正４年（1576）

の特定の地域、あるいは特定の権力者が支配する領域に集中することが明らかになりつつある。

こうした安土築城以前の石垣を戦国時代の石垣と呼ぶならば、その導入意図はもちろん、構築技術や職人たちを検討しなければならない。さらに戦国時代の石垣が信長の築城に影響を与えたのかどうかを考えるのも重要である。

本章では列島の代表的な戦国時代の石垣を取り上げて、その技術系譜の概要をおさえ、織豊系城郭の石垣との関係についても概観する。

さらに今ひとつ注目したいことがある。戦国時代に石垣が導入される地域があるのに対して、最後まで石垣を導入しなかった地域が列島各地に確認できるのである。戦国時代後半には、列島規模で城郭の防御施設（虎口や堀・土塁の築き方）が飛躍的に発達し、防御性を高めようとするにもかかわらず、石垣の導入が認められない地域があるのは何故であろうか。今後の大きな課題である。

1　戦国時代の石積み・石垣分布

まず戦国時代の石積み・石垣の特徴を分布からながめてみよう。

①信濃（特に松本周辺、長野県）

②美濃（岐阜県）

写真3　山家城の石積み　16世紀中頃～後半
高さ約3メートル、長さ約10メートル以上に垂直に積み上げる主郭の石積み。

③北近江（滋賀県）
④南近江（滋賀県）
⑤西播磨～東備前（兵庫県～岡山県）
⑥北部九州（福岡県・佐賀県・大分県）
⑦三好長慶の居城（大阪府）

などに分布することがわかっている。

①信濃では松本周辺の林小城《はやしこじょう》（松本市里山辺）・山家《やまべ》城（同市入山辺、別名：中入城）・桐原《きりはら》城（同市入山辺）・埴原《はにわら》城（同市中山）・虚空蔵山《こくうぞうやま》城（埴科郡坂城町南条）、さらには青柳《あおやぎ》城（東筑摩郡筑北村坂北）などで石積みが築かれている（信濃の詳細はⅣ章参照）。

これらの諸城の石積みの特徴としては、扁平な石材（片岩《へんがん》）の薄い面を表にして積み上げていく技法が見られる。さらにその勾配はほぼ垂直に近いことも特徴のひとつである。こうした石積みの築き方からして、ある特定の技術者集団による構築技法であったと考えられている。

②美濃では岐阜《ぎふ》城（岐阜市の金華山）・赤谷山《あかだにやま》城（郡上市八幡町島谷、別名：東殿山城）・大桑《おおが》城（山県市大桑の古城山）・伊木山《いきやま》城（各務原市小伊木）などで石積み・石垣が築かれている。

写真4　大桑城の石垣　16世紀中頃～後半

美濃守護土岐氏の本城となった大桑城では、北部の谷筋に階段状に削平地が構えられているが、その前面は石垣によって築かれている。最大のものは高さ4メートルを測る大規模なものである。大桑城や赤谷山城では信濃と同じように自然石の扁平な石材を垂直に近い角度で積むという特徴がある。

③北近江では小谷《おだに》城（長浜市湖北町伊部）・鎌刃《かまは》城（米原市番場）で石積み・石垣が築かれている（Ⅱ章参照）。実は北近江では、集中するという状況ではなく、むしろこの二城にしか石積み・石垣は認められない。ただ、この二城の石積み・石垣は極めて大規模で、かつ巨石を用いるものである。戦国時代の石積み・石垣のひとつの到達点を示すものと評価できる。小谷城の山王丸の高石垣では隅部に算木《さんぎ》積みが認められるし、鎌刃城の大石積みでも隅部は算木積みになっている。

④南近江では守護六角《ろっかく》氏の居城観音寺《かんのんじ》城（近江八幡市安土町・東近江市五個荘川並町）をはじめ、佐生《さそう》日吉《ひよし》城（東近江市五個荘日吉町）、小堤城山《こづつみしろやま》城（野洲市小堤）、星ケ城《ほしがじょう》（蒲生郡竜王町鏡）、三雲《みくも》城（湖南市吉永）に石垣がある（Ⅱ章参照）。

とりわけ、六角氏の本城である観音寺城では、戦国時代の石垣としては唯一、4メートルを超える高石垣が築かれている。さらに石垣構築の年代も金剛《こんごう》輪《りん》寺《じ》所蔵「下倉米銭下用帳《したくらべいせんげようちょう》」（倉から支出した米銭の数を記す報告書）に弘《こう》

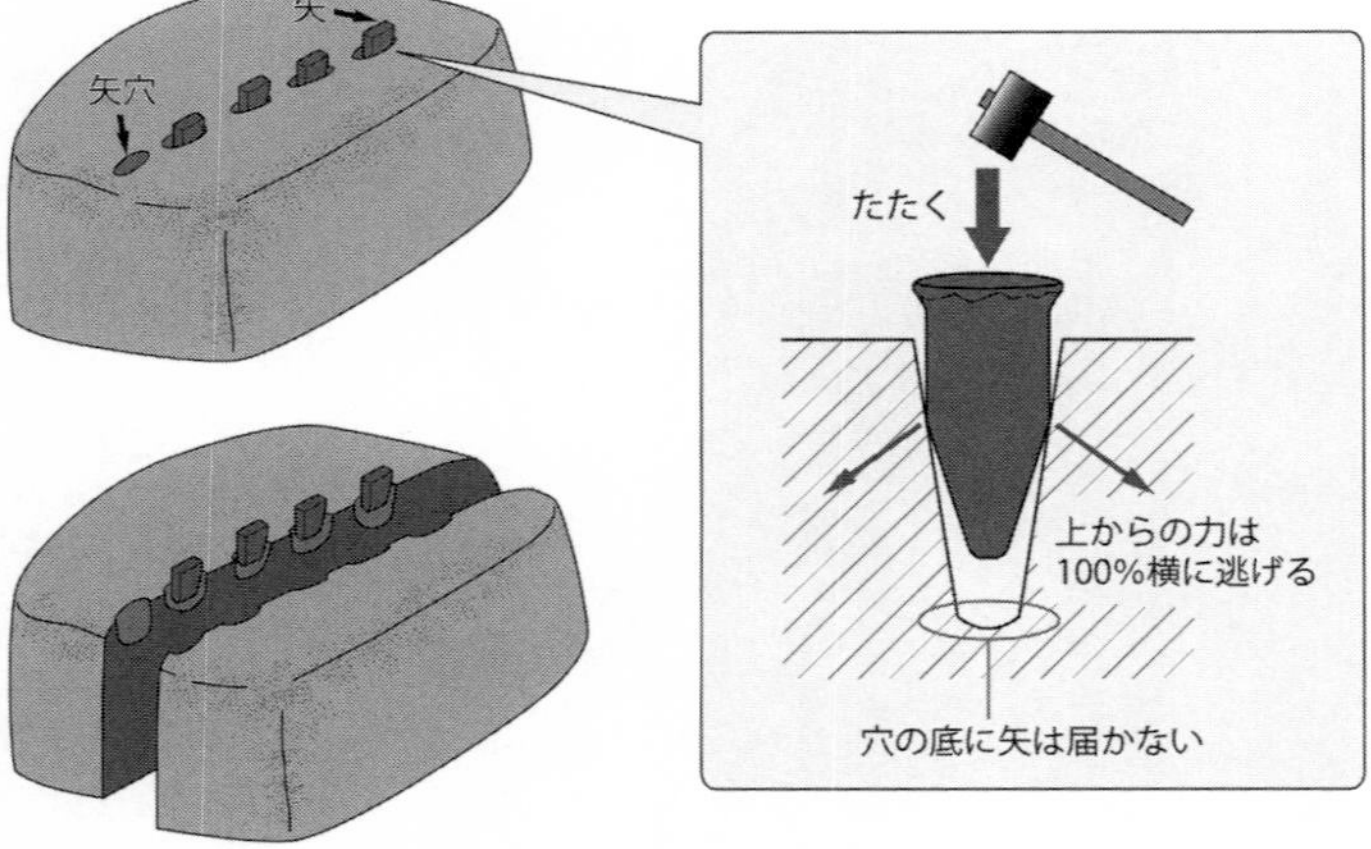

第１図　矢穴技術の模式図（佐藤 2018）

治《じ》二年（一五五六）に「御屋形様石垣打申候ニ付而」と記されていることによって、明らかとなっている（くわしくはⅡ章参照）。

観音寺城の石垣で特に技術的に注目されるのは、石垣の石材が矢穴《やあな》技法によって人工的に切り出されたものであることだ。矢穴技法とは石材を採るための技術で、第1図にあるように、母岩にタガネなどで小穴をいくつか空けて、そこにクサビ状工具を差し込んでたたくと、母岩が割れて必要な適材が得られるというものだ。クサビ状工具を「矢」といい、差し込む穴を「矢穴」というが、母岩や石材には矢穴の痕跡が残る。

観音寺城の矢穴は、滋賀県教育委員会の北原治さんによると、石材の端部に二ないし三ヶ所にしか穿たれておらず、北原さんはこの技術を「観音寺技法」とよんでいる。なお、南近江では矢穴技法が小堤城山城・三雲城にも確認できる。矢穴技法のことはⅡ章・Ⅲ章でくわしく述べる。

南近江ではさらに水茎岡山《みずくきおかやま》城（近江八幡市牧町）で発掘調査によって検出された石垣を無視することはできない（Ⅱ章参照）。水茎岡山城は永正《えいしょう》五年（一五〇八）に将軍足利義澄《よしずみ》が入城した頃より本格的に築城が始まり、大永《たいえい》五年（一五二五）には廃城となっている（『不問物語』続群書類従合戦部）。発掘でみつかった石垣は、安土築城の六十八年前の石垣と見られる。観音寺城よりも先駆けて築かれた石垣として改めて評価しなければならない。

⑤西播磨～東備前では、置塩《おじお》城（兵庫県姫路市夢前町）・感状山《かんじょうさん》城（兵庫県相生市矢野町瓜生）・三石《みついし》城（岡山県備前市三石）・天神山《てんじんやま》城（同県和気郡和気町田土）・富田松山《とだまつやま》城（同県備前市東片上）などで戦国時代の石積み・石垣が認められる。

Ⅴ章でもくわしく紹介するが、置塩城では山頂部に屋敷割をおこない、その屋敷地が石垣によって築かれている。また、屋敷地だけに石垣を構えるのではなく、山頂の主郭部にも用いられている。また、一部には巨石を用いた箇所もあり、石垣を権威として見せるものでもあったことを物語っている。

感状山《かんじょうさん》城はほぼ城域全体を石垣によって築いている。なかでも谷部に構えられた大手門と、南曲輪群の石垣は高さ2㍍近く積まれている。いずれも自然石を垂直に近い角度に積んでいる。注目されるのは南曲輪群2段目腰曲輪の石垣で、出隅部を直角に折り曲げず、円形に収めている点であろう。城の歴史はほとんど不明である。ただ、天正十四年（一五八六）頃には宇喜多《うきた》氏の家臣である岡豊前《おかぶぜんの》守《かみ》光顕《みつあき》が城の付近を領しており、その段階のものと考えられる。すでにこの段階では織田・豊臣は城郭に石垣を導入しているが、隅部を丸く収めるなど織田・豊臣の石垣とは明らかに相違することより、宇喜多氏の所領内で培われていた技術を用いた石垣と考えられる。

東備前では三石城、天神山城をはじめ多くの城郭に石垣が用いられている。宇喜多氏と浦上氏が戦う段階でこの地域の城に石垣が導入されたようである。

写真５　花尾城の石積み　16 世紀後半

写真６　勝尾城の石積み　16 世紀中頃～後半
信濃の山家城と同じく平たい石を積み上げる。上下の二段にわかれているのは、高く積もうとするからだ。この構築法を段築（セットバック工法）とよぶ。

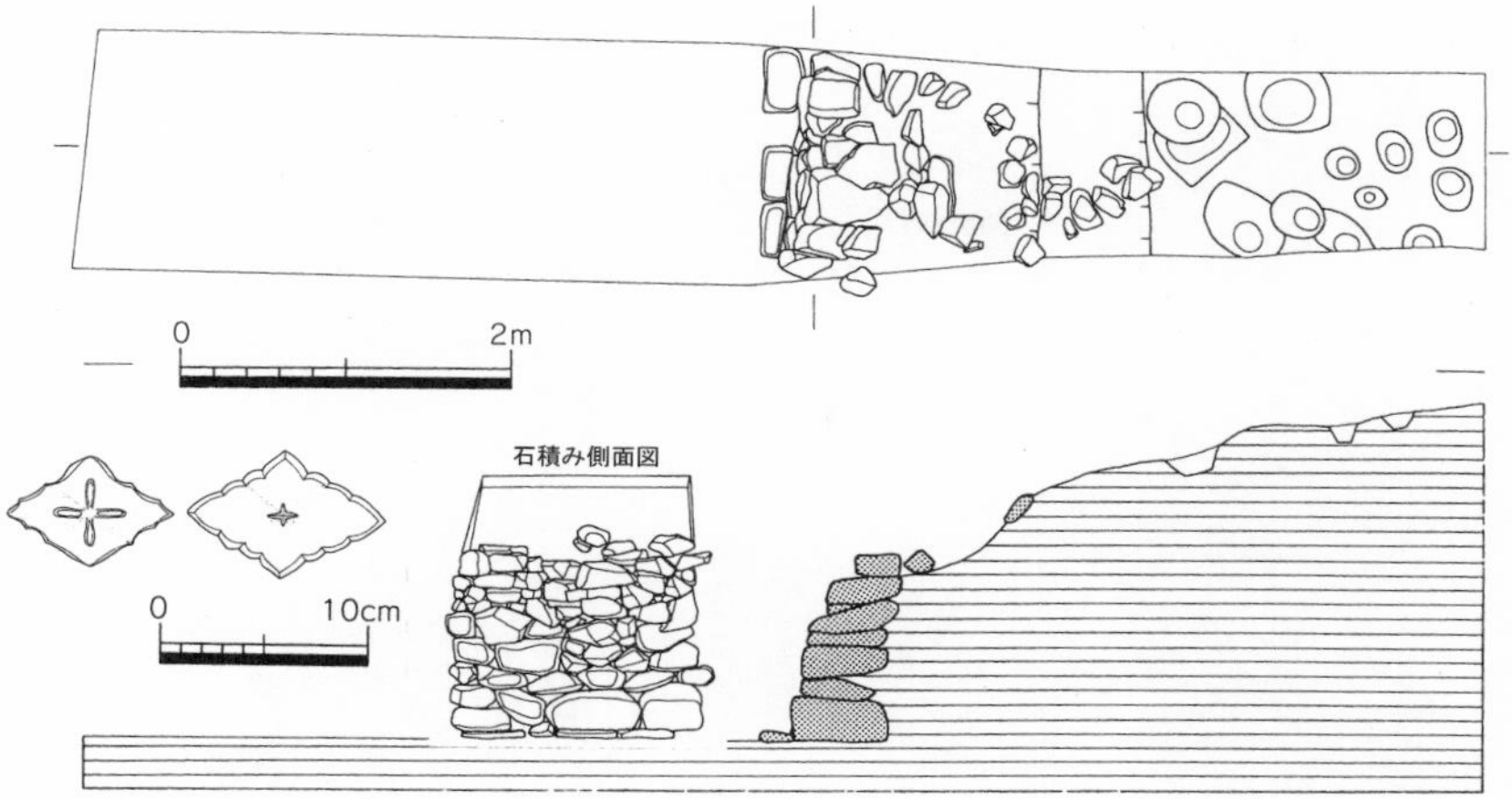

第２図　高祖城 上ノ城２調査区実測図と花菱文袖瓦（前原市教委 2003）

⑥北部九州での分布は広い。筑前では花尾城《はなお》（福岡県北九州市八幡西区）、高祖《たかす》城（福岡県糸島市）、肥前では勝尾城《かつのお》（佐賀県鳥栖市河内町）、豊前では長岩城《ながいわ》（大分県中津市耶馬溪町）などで戦国時代の石積みが認められる。特に勝尾城・長岩城では扁平な石材を垂直に積み上げ、さらに切岸の斜面に積み上げるのではなく、石塁として長城のように構えられている。

高祖《たかす》城では発掘調査によって石積みが検出されている。上ノ城と呼ばれる主郭は三段の削平地から構成されるが、そのいずれもが石積みによって築かれていた。石積みは破壊されており、本来の高さは不明であるが、もっとも残りのよい箇所で1．7㍍を測る。いずれのトレンチで検出された石積みも地山を削り出し、その前面に自然石をほぼ垂直に積み上げており、裏込めの栗石は用いていない。

なお、高祖城からは瓦も大量に出土している。なかでも唐花菱文袖瓦《からはなびしもんそで》は注目される。唐花菱は周防の大内氏の家紋であり、大内氏が糸島に恰土《いと》郡代として烏田《うだ》氏を派遣した十六世紀前半〜中頃の段階で築かれた石垣の可能性を示唆している。

このように地域に集中するといっても、その分布数は一〇ヶ城以上のような規模ではない。やはり石垣のあること自体が重要で、その集中度は数城程度でしかない。さらにこれは地域的特徴ではあるが、石垣の構築にあたっては築城主体者が影響していることもまちがいない。それを明確に示しているのが三好長慶《ながよし》の居城であろう。

⑦三好長慶の居城では、天文《てんぶん》二十二年（一五五三）に入城した芥川《あくたがわ》城（大阪府高槻市原）、永禄《えいろく》三年（一五六〇）に入城した飯盛《いいもり》城（大阪府大東市・四條畷市）で石垣が認められる。いずれも長慶の時代に築かれた石垣と考えられる。特に飯盛城では分布調査によってほぼ城域全体が石垣によって築かれていたことが判明した（くわしくはⅡ章参照）。

以上の①から⑦の各地の石垣の特徴は、Ⅱ章以下でまたくわしくとりあげる。

2　戦国時代の石垣構造とその技術導入

こうした戦国時代の石積み・石垣の高さに注目すると、観音寺城を除けば全ての城で4㍍が限度となっている。やはり4㍍を超える高石垣は信長の安土城が初源ということになるが、唯一の例外が南近江の観音寺城である。観音寺城では10㍍におよぶ高石垣も認められ、大規模な曲輪では4㍍を超える石垣が数多く築かれている。

観音寺城では高さとともに矢穴技法などから安土城に先行する石垣構築集団の存在は明らかで、金剛輪寺所蔵「下倉米銭下用帳」の記載により金剛輪寺が関わっていたことはまちがいない。寺院の技術が城郭に援用され、石垣が導入されたものと考えられる。

写真７　安土城八角平の高石垣　16世紀後半

安土城内で最も残りの良い高さ10メートルを超える高石垣。私有地のため立ち入り禁止で見学は不可。雑木によって石垣が壊われているので、急ぎ保護を講ずべき遺構だ。

写真８　観音寺城池田丸下の石垣　16世紀中頃

大きめの石材を組み合わせて、石の隙間に小さな石を詰めて安定させている。この小さな石を間詰石という。

では各地の石垣はどのようにして城郭に導入されたのであろうか。戦国時代の山城が山を切り盛りして造成する防御施設であり、切り出した土が土塁として盛り上げられたのと同様に、切り出した石材を積み上げたものが戦国時代の石積み・石垣だとする考え方もある。

しかしこれで理解しようとするならば、石が掘り出される山は無限にあるにも関わらず、現在、戦国時代の石積み・石垣が認められる山城は、はなはだ少ない。単純に掘り出された石材を利用したのだとする石垣導入説は成り立たない。

防御施設としての石積み・石垣、儀礼としての石積み・石垣（見せる石積み・石垣）などとして導入されたものと見るべきであろう。そしてその技術は、やはり寺社の技術を援用したものと考えられる。たとえば、信濃の場合、殿村《とのむら》遺跡（松本市会田）は十五世紀後半の寺院に関わる遺跡であり、石積みが検出されている（Ⅳ章参照）。その背後にある虚空蔵山では十五世紀後半の宗教施設と考えられる平坦地で石垣が検出されている。その後、十六世紀後半になると、虚空蔵山城に石垣が用いられている事実は、城郭への石垣導入には地域の寺社がもつ技術を援用しているものと考えられる。石積み・石垣の集中する地域では、石積み・石垣の導入を在地の寺社との関わりで考えるべきであろう。

ところで戦国時代の石積み・石垣を考える場合に穴太《あのう》をどう扱うべきであろうか（Ⅲ章参照）。

穴太が石垣に関わる技術者であることはまちがいないが、それは織豊系城郭との関わりで考えるべきであろう。戦国時代の石垣構築には穴太は関わっていなかったと見るべきである。江戸時代に編さんされた逸話集の『明良洪範《めいりょうこうはん》』のなかでも、穴太は安土築城に関与したと記している。江戸時代の編さんである『明良洪範』ではあるが、穴太は元来、比叡山の五輪塔や石仏を造る石工《いしく》であったと記している。

おそらく信州の松本周辺にいた石工たちも、殿村遺跡などの寺院の仕事として、石塔や石仏などを造っていた職能集団であったにちがいない。

ただし、ここで確認しておかねばならない点として、こうした石塔・石仏を製作する職人たちが石を積み上げる技術をもっていたかどうかである。従来の考え方は、石工が石を積むのは当然とみて、石工の技術についての議論は一切されてこなかった。実際に石を加工する技術者が石を積むのだろうか。

現代の石を積む職人は、石の加工はしない。どちらかと言えば造園業に分類される。一方、現代の墓石を造る職人は、石を積まない。一般的にはこちらを石工と呼んでいる。戦国時代では、石を加工することと積むことを同じ職人がおこなっていたのだろうか。石を刻む技術と積む技術を分析することも、これからの大きな課題のひとつなのだ。石を積む技術は造園と大きく関わるのではないだろうか。

写真９　七尾城の石垣　16 世紀後半
主郭周辺の復元された石垣ではなく、構築当初の痕跡を示すもの。

3　課　題

これまで列島内で石積み・石垣の集中する地域があることを指摘したが、石積み・石垣の認められる城がここに紹介した山城だけに留まるわけではない。自然石を二〜三段程度積む山城は、点々と全国各地に確認できる。土塁の基底部に土留めとして用いられている石積みは数多く分布していることも明らかになりつつある。

信濃の松本周辺では扁平な石材を用いて積む石積みが特徴として指摘できるが、実は石積みの認められる山城は松本周辺だけではなく信濃全域に認められる。たとえば松本では宮原《みやはら》城や水番《みずばん》城でも石積みを用いているし、石積みの認められる城の分布は飯田《いいだ》や伊那《いな》まで広がっていることも判明している。

さらには集中する地域以外でも、小規模な石積み・石垣の用いられている山城が点々と確認されており、十六世紀後半にはほぼ列島全域で城郭に石積み・石垣が用いられていた可能性が高い。たとえば、大和では椿井《つばい》城（奈良県生駒郡平群町）に石積みが認められるし、越中では増山《ますやま》城（富山県砺波市増山）、能登では七尾《ななお》城（石川県

写真10　小倉城の石積み　16世紀中頃
信濃と同じく平たい片岩を積み上げる。小倉城は武蔵型板碑の採石地に近い。

七尾市古城町）、飛騨では広瀬城《ひろせ》（岐阜県高山市国府町）、讃岐では勝賀城《かつが》（香川県高松市鬼無町佐料）・黄峰城《おみね》（同市亀水町）、武蔵では小倉城《おぐら》（埼玉県比企郡ときがわ町田黒）、上野では平井金山城《ひらいかなやま》（群馬県藤岡市下日野）などでも石積み・石垣が認められ、もはや戦国時代の山城はすべてが土から成る城とは言い難い。

わたしはこれまで、戦国時代の石垣を地域的特徴として捉えてきたが、小規模なものを含めると、列島全域で十六世紀前半より石積み・石垣の導入がおこなわれ、土塁や堀切などとともに一般的な城郭施設となっていた可能性が高いと考えている。全国的な石垣の分布を明らかにすることによって、新たな戦国時代の山城像を明らかにすることができるだろう。

こうした全国的な石垣の分布は、穴太などの特定の技術者集団が戦国時代の石垣構築に関与したものではないことを明らかに示している。さまざまな地域での在地の技術者が城郭への石積み・石垣導入に関与したと考えてよいだろう。今後、そうした技術者集団の実像を明らかにしていかねばならない。

たとえば山城国は戦国時代の石垣は存在しない地域として理解されていたが、綴喜郡《つづき》の田辺城《たなべ》（京都府京田辺市）では発掘調査の結果、石垣が検出された（Ⅲ章参照）。石垣は虎口部分にのみ用いられていたが、花崗岩には矢穴痕が認められた。この田辺城で検出された石垣と同様の石垣が慈照寺《じしょうじ》で検出されている。慈照寺の石垣は将軍足利義政《よしまさ》によって文明《ぶんめい》五年（一四七三）に造営された東山《ひがしやま》山荘（いまの銀閣寺）のものと見られる（Ⅱ章参照）。この京都の寺院が有する技術が田辺城にも用いられたと考えられる。

一方で、まったく石積み・石垣を用いた城の存在しない地域もある。ほぼ列島全域に広がった石積み・石垣であるにもかかわらず、現在のところ関東以北や南九州では戦国時代の石積み・石垣は確認されていない。そこにはどのような理由があったのだろうか。石垣の導入を考える場合、石積み・石垣をまったく導入しなかった地域を分析することは重要な課題であろう。ちなみに東北や南九州では近世城郭でも石垣の用いられなかった地域である点は注目される。

もうひとつの課題として、戦国時代の石垣がどのように織豊系城郭の石垣にかかわっていくのかという検討も重要になる。織豊系城郭としての成立が織田信長の築城による安土城であることは異論のないところであるが、近年の発掘調査により、石垣についてはすでに永禄十年（一五六七）築城の岐阜城はもちろん、永禄六年（一五六三）に築城された小牧山城から導入されている。つまり信長自身も戦国時代の石垣を城郭に取り入れた列島のなかのひとりであった。

そうした信長の築城思想が信長独自のものであったとしても、構築技術に関してはどこから取り入れたのかという問題がある。他地域の石垣の系譜なのか、尾張における在地の技術なのか。さらには小牧山城・岐阜城・安土城は同じ技術によるものなのか。まさに織豊系城郭の基盤となる石垣の構築技術そのものを分析しなければならない。

おわりに

かつて近世城郭の石垣が孕《はら》むなどの問題が起こり、調査研究や修理工事前の発掘調査などがおこなわれるようになった。数多くの成果がこれまで発表されてきたが、こうした近世城郭の石垣よりも、今後の保存に急務なのが戦国時代の石垣である。

II章以下では、戦国時代の石垣構築の技術がどこから伝播して城郭に取り入れられたのかを明らかにしていくが、忘れてならないのは戦国時代の石垣が各地で崩落の危機にさらされており、一刻も早く保存の対策を講ずべき時期に来ていることである。本書の成果がそうした保存対策の検討にも活かされることを期待したい。

※初出「はじめに―問題提起にかえて―」(『戦国時代における石垣技術の考古学的研究』科研報告書、二〇一九年所収)。加筆・修正して写真・図版を追加。

★コラム 用語解説2　積み方いろいろ①

野面積み（のづらづみ）　自然石を積み上げて石垣を築く技法。石積みでは自然石だけで築く例もあるが、石垣を自然石のみで積み上げることはほとんどない。

一般に野面積みといわれる石垣も、粗割りされた石材を多く用いる。単に割っただけの粗割り石を用いた石垣も野面積みに含む。自然石・粗割り石を用いるため、築石部の表面は平滑にならず、デコボコしており、石材の間も隙間が多い。戦国時代の石積みのオーソドックスな積み方。

打込接（うちこみはぎ）　矢穴技法で割られた割石材や粗割りの石材を積み上げて石垣を築く技法。割石は角部を打ち欠き接合面を整えている。石材と石材の間に生じた透間には間詰石を詰める。戦国時代の用例は希少（観音寺城・飯盛城など）。

切込接（きりこみはぎ）　徹底的に方形に加工した石材を積み上げて石垣を築く技法。割石ではあるがその形状より切石と呼ぶ。ほぼ隙間なく築かれ横目地が通る。近世以降の石垣に多様され、戦国時代にはない。

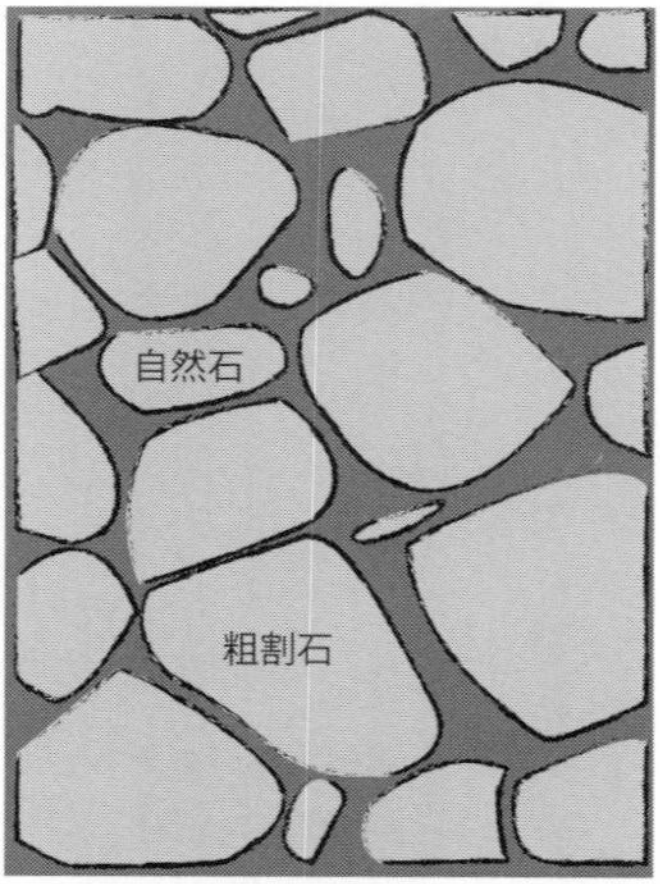

▶野面積みイメージ

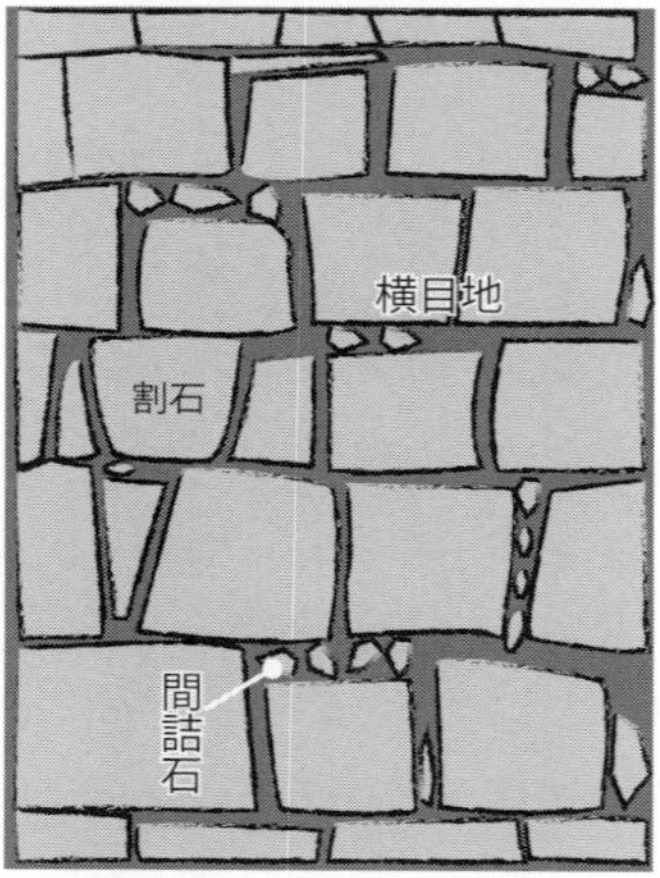

▶打込接イメージ

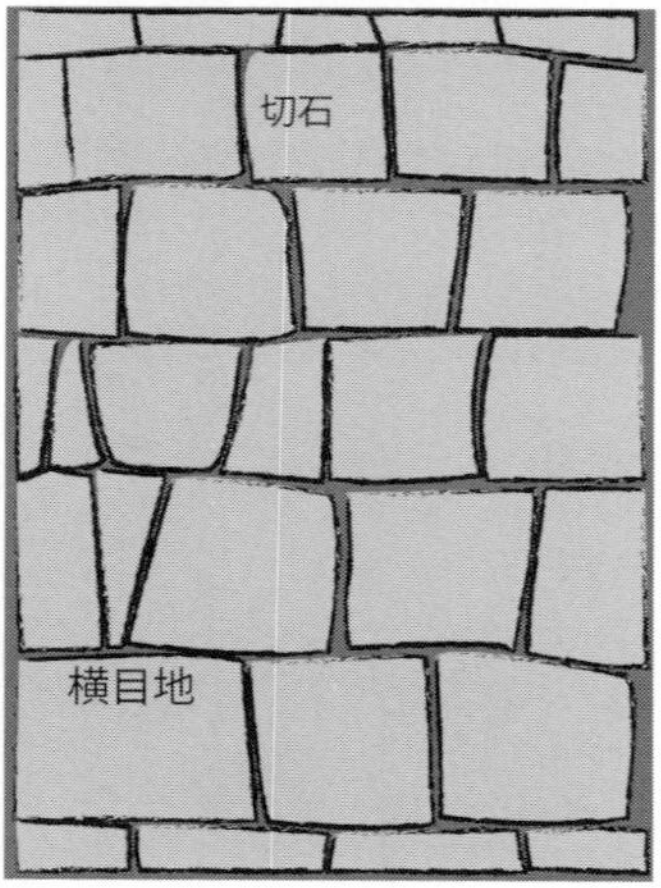

▶切込接イメージ

Ⅱ 安土築城前夜

寺院からみた石垣の系譜

白山平泉寺坊院群の復元石垣

はじめに

天正《てんしょう》四年（一五七六）、織田信長によって築城された安土城は、それまでの中世城郭の構造とは明らかに異なり、以後の近世城郭の普請、作事に多大な影響を与えた。その特徴は大きく総高石垣、瓦葺建物、礎石建物（天守を含む）の三つの点に要約できる［中井 一九九〇・一九九四］。

特に全山にわたり累々と築かれた石垣は壮大で、建物がまったく存在していない安土城においても、見る人を威圧し、往時の規模を充分に伝える遺構である。

中世の城郭にも石垣は存在してはいるものの、栗石《ぐりいし》（裏込石《うらごめいし》）を伴わない、高さも1㍍程度の曲輪の斜面（切岸）を土留めする程度のものであり、石垣と言うよりはむしろ石積みと呼ぶべきものである。※1

これに対して安土城の石垣は栗石を伴い、高さも4㍍を超える箇所も少なくない。この安土城の石垣を高石垣と呼び、その構築には穴太衆《あのうしゅう》が関与していたといわれている。※2

本章では中世城郭の石積みとは明らかに一線を画した安土城の石垣がどのような系譜上に位置づけられるのかを探ってみたい。特に近年発掘調査によって検出

※1　石垣と石積みの違いについて筆者は、石垣の背後に栗石とよばれる裏込石を充填する構造のものを石垣、裏込石を伴わないものを石積みと考えている。この考えでは本書で取り上げた石垣遺構の大半は石積みになるが、報告書ではすべて石垣と報告されており、発掘調査によらなければ、背後の構造を明らかにすることはできない。そのため本書では報告書の遺構名称を用いている。石垣と石積みの概念規定も早急に定める必要があろう。なお、北垣聰一郎さんはコーナー（隅部）を有するものが石垣、有さないものが石積みであるとしている。

※2　北垣聰一郎さんは『石垣普請』［北垣 一九八七］のなかで、江戸時代に著された『明良洪範』巻五の「石垣ヲ築クニアノフ築ト云仕方アリ。（略）夫故、信長公天守ヲ建ラレシ時、同国ノ事故、アノフヨリ石工ヲ多ク呼寄仰付ケラレシヨリ、（後略）」を引用して、安土城の石垣構築に穴太衆が関与していたとされる。

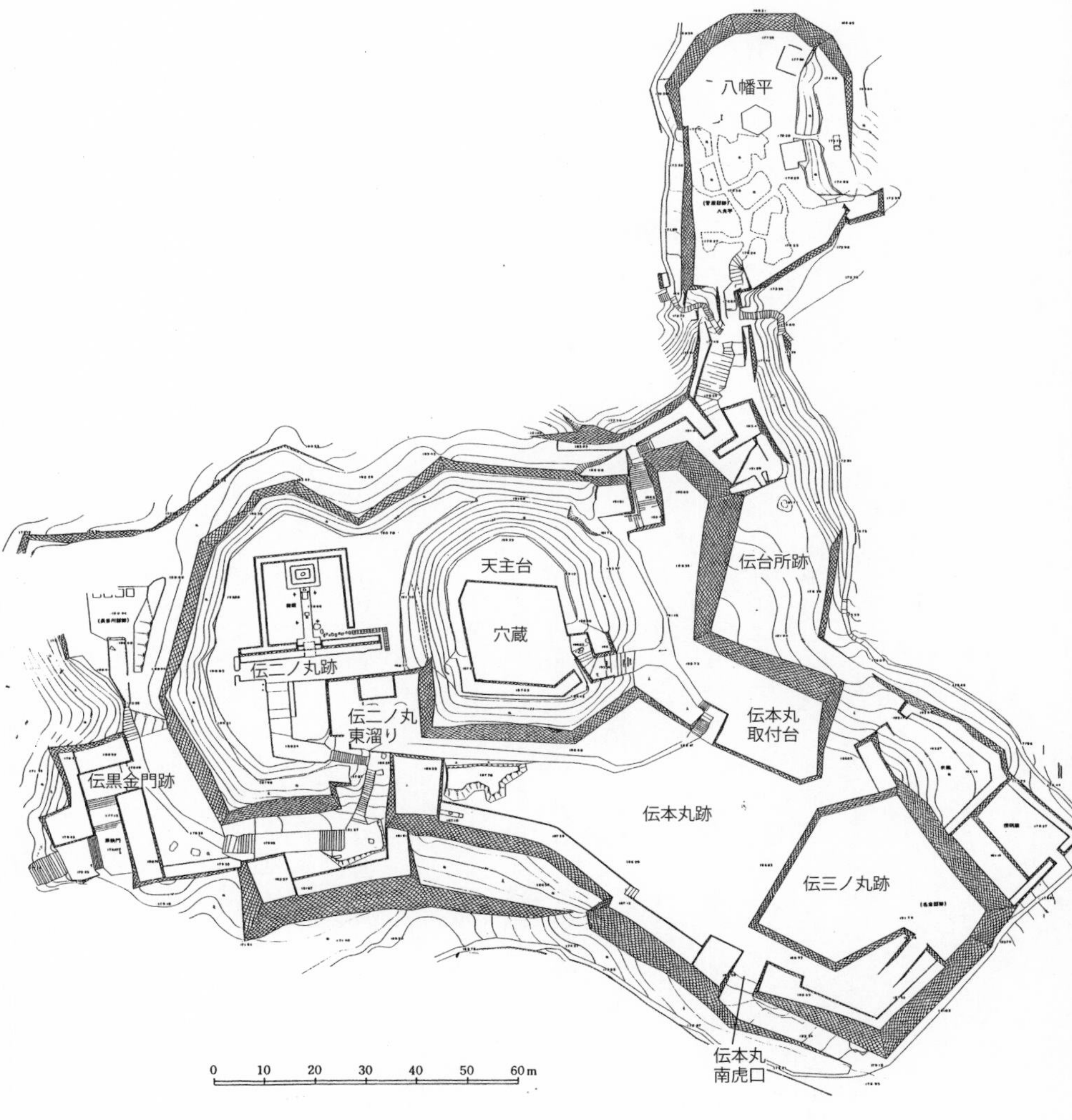

第１図　安土城主郭部の概要図（滋賀県 1986）

アミ部分が石垣の構築箇所。高石垣で城を囲んでいるのがよくわかる。

された石垣を検討資料の中心にすえ、安土城の石垣の成立過程を明らかにしてみたい。

1　安土城の石垣の特徴

さて、本論に入る前に安土城の石垣について若干触れておきたい。現在、安土城には石垣しか残っていないが、その規模は安土山全山におよぶ壮大なものであり、往時の威容を知りうる最大の遺構である。にもかかわらず、その研究はほとんどなかった。安土城といえば誰しも五重七階の天主が最大の関心事であり、従来の安土城研究も天主の復元という建築史からの視点が大半であった。※3

安土城の石垣の技術や特徴について最初に注目したのは北垣聰一郎さんであった。北垣さんは、安土城二ノ丸石垣では算木《さんぎ》積みがほぼ完成し、矩方《くかた》も定着するとし、さらに古式穴太積み石垣の基準指標となる鈍角を示すシノギ角の構築法が、隅角部に多用されているとした［北垣 一九八七］。北垣さんが引用した近世前期の伝記的史話集『明良洪範《めいりょうこうはん》』に穴太の石工《いしく》が安土城普請に参加したとあることから、以後、安土城の石垣は一般的に「穴太積み」の代表的なものと認識されるようになってしまった［北垣 一九八七］。

近年では滋賀県教育委員会が実施する安土城の発掘調査で検出された石垣につ

※3　たとえば内藤昌さんや宮上茂隆さんは天主について詳細な復元をなされてはいるが、石垣についてはほとんど触れられていない。

写真１　安土城二ノ丸の石垣

隅角は長い石材と短い石材を交互に組む算木積みに近い築き方になる。

写真２　安土城天主台の石垣

隅角部は直角でなく、110 ～ 120° の角になる。北垣さんのいうシノギ角の構築方法とは、この鈍角の隅部形状をいう。

写真3　安土城黒金門跡の石垣　巨石を使っているのがよくわかる。

いて、考古学の立場から研究がなされつつある。小竹森直子さんは調査によって検出された石垣を具体的に調査地点ごとに検討し、安土城の石垣が単一の技法ではなく、非常にバラエティーに富んでいることを明らかにした。そして黒金門に代表される中心部分とその他の石垣に格差のある点、さらには目につく部分には大形石材を使用した正面性があることを指摘し、石材に付加価値を求めた。

また安土城石垣の指標となる特徴のうち、石材や構築場所の性格に左右されないものとして、

①基本的には自然石（野面《のづら》）であるが、若干の面加工を施す。
②間詰石《まづめいし》が一石を取り巻くことはない。
③縦位置あるいは逆三角形の位置で石材を用いることはほとんど認められない。

の三点をあげている［小竹森 一九九四］。

大沼芳幸さんは安土城の石垣の発掘と、石垣積みに実際に従事して感じたこととして、石垣石材の九割以上が湖東流紋岩《ことうりゅうもんがん》で、その大半が安土山で産出するものであることを明らかにした。さらに加工しにくい湖東流紋岩を整形するよりも、石を選択することに手間がかけられたという重要な問題を指摘し、この結果、現在見られるやや統一性にかける石

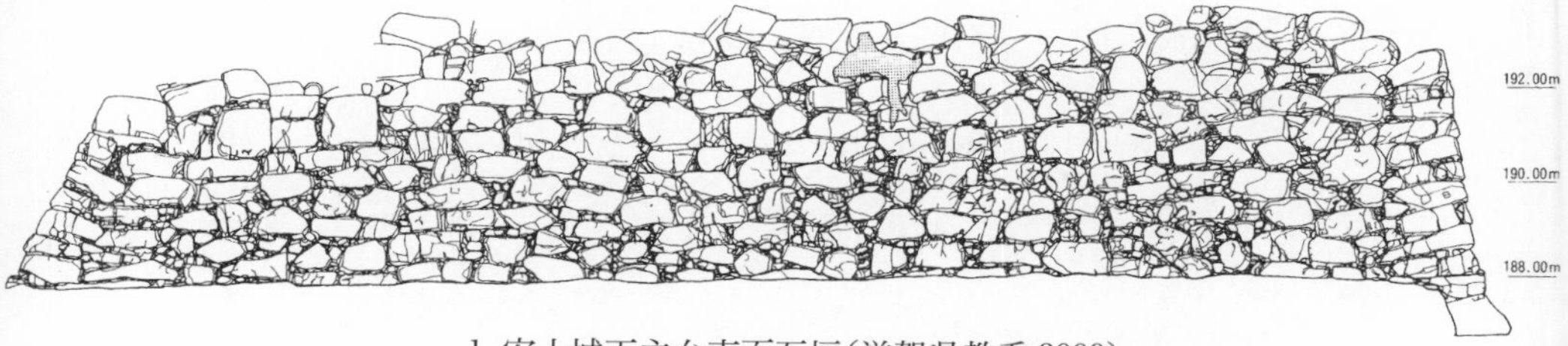

1. 安土城天主台南面石垣(滋賀県教委 2009)

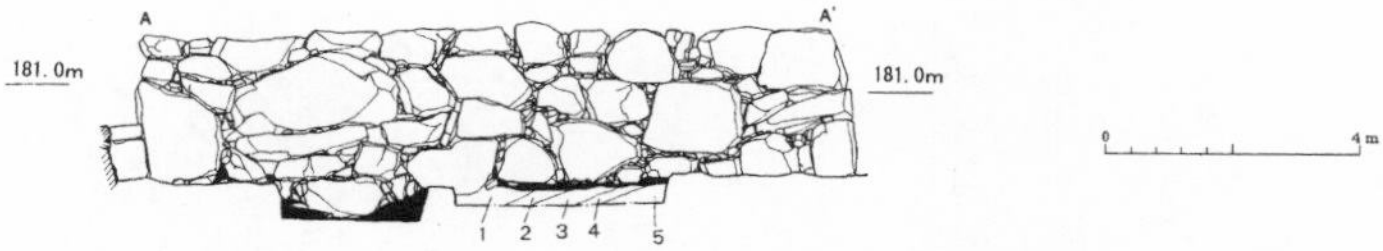

2. 安土城黒金門跡石垣(滋賀県教委 2009)

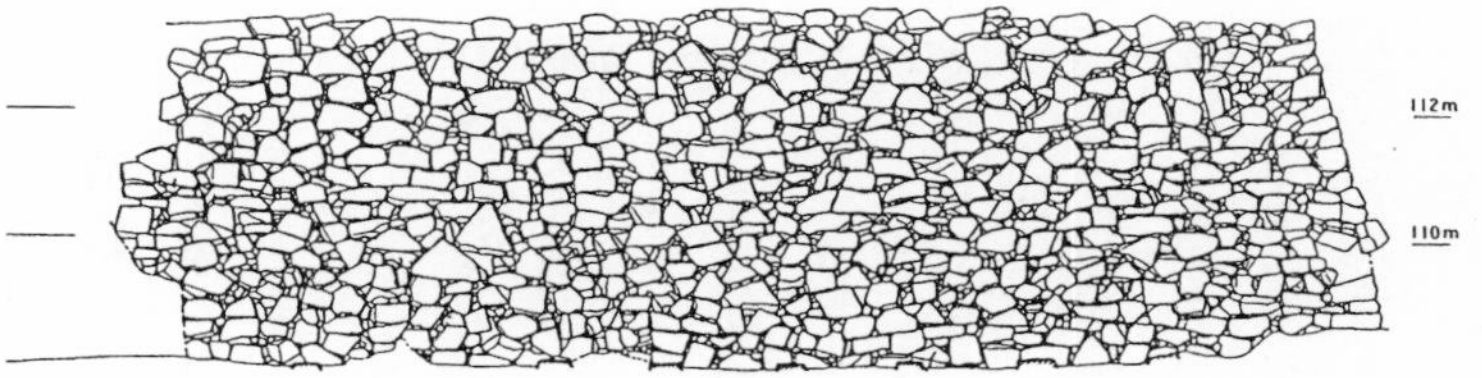

3. 安土城伝羽柴秀吉邸跡上段石垣(滋賀県教委 1992)

4. 安土城大手東石塁上段郭石垣(滋賀県教委 2004)

第２図　安土城石垣実測図(スケール同一)(内堀 2014)

バラエティー豊かな安土城の石垣。2の黒金門(写真3)では大きめの石を採用しているのが実測図だとよくわかる。目につく場所に大形石材を使用した正面性とは、このことを指す。4の大手東石塁上段郭石垣で大きめの石材が等間隔にならんでいるのも、見た目の美しさを求めたのだろう。

3の伝秀吉邸跡とくらべると石材の大きさや表面のツラの合わせ方などに違いがみえる。

写真４　安土城の大手道石段に転用された石仏

材使用法となったとしている。さらに転用材については築城工事の最終段階に相当する大手道に多用されており、山を切り崩して確保していた石材も入手しにくくなっており、新たな石材として石造品の転用材が着目されたとしている。

また石積みの技法では「面」施工について、

①築石はなるべく控えを長く取ろうとしている。

②築石の合端《あいば》（122頁参照）は前三分の一よりも奥に持っていこうとしている。

③充分な量の裏込石を用いようとしている。

という三点の基本的技術を満たそうとする意識が見て取れるとしている。

なお大沼さんは安土城で検出された「埋没石垣」にも言及しており、埋没石垣が最も古い段階の石垣であるにもかかわらず、最も整った形状であったことは技術の発達を考えれば、逆のような感があるが、これこそが安土城の石垣を端的に表わしているという。つまり野面という不整形な、全く規格性のない素材しかなかったため、個々のもつ技量と当時の技術水準、そして施工工期の制約の範囲で施工せざるを得ない状況の結果として、完成された石垣もあれば、全く用をなさない石垣まで多くのバリエーションの石垣が現われることになったとしている［大沼　一九九五］。

こうした両氏の見解は、いずれも調査成果からの貴重な視点であり、今後の安土城の石垣研究の重要な問題提起となっている。ただ両氏ともに雑感とされているように、いまだ「資料化」されたものではなく、今後ますます客観的な資料化が必要となるだろう。

資料化がなされていない安土城にとって、さらなる分類こそが最も必要とされているにちがいないが、本章では多くのバリエーションが存在するとはいうものの、あの規模壮大な石垣が一朝一夕に成立した技術とは考えられず、おそらく中世社会の中で培われてきた技術の系譜上に位置するものと考え、安土城以前の石垣について見ていきたい。

2　近江の戦国期石垣

(1) 小谷城と鎌刃城～北近江（長浜市・米原市）

近江では北近江、南近江のいずれからも安土城に先行する石垣が確認できる。北近江は浅井氏、南近江は六角氏によって導入されたものと考えられる。したがって、近江一国で扱えるものではなく、北近江、南近江と違う技術によって築かれた石垣として扱う。

北近江の戦国大名である浅井氏の居城は小谷城《おだに》（長浜市）である。破城によっ

写真５　小谷城の石垣

自然石を積み上げた野面積みの石垣。隅石は長辺と短辺を交互に積み上げる算木積みの兆しがみえる。築石は同じ大きさの石材を選んで積み上げている。傾斜角度は垂直に近い。こうした特徴から戦国時代の浅井長政段階に築かれたものと考えられる。なお、石垣の前面に石材が散乱しているのは、天端の石垣を崩したものである。自然崩落ではなく、羽柴秀吉が小谷城から長浜城へ居城を移したときに城割をおこなったものと考えられる。

小谷城ではこの山王丸だけではなく、本丸、大広間、黒鉄門など主要曲輪は巨石を用いた石垣によって築かれている。

てかなり破壊されてしまっているが、黒鉄門・山王丸・清水谷（大野木屋敷）などで巨石を用いた石垣が残されている。山王丸東面の通称大石垣は高さ約4㍍を測る。自然石を垂直に近い角度に積み上げている。出隅ではないが、石垣の端部が構えられており、そこには石材の長辺と短辺を交互に組み合わせて積む、算木積みの兆しがみえる。

鎌刃《かまは》城（米原市）では発掘調査の結果、ほぼ城域のすべてが石垣によって構築されていたことが明らかとなっている。特に注目されるのはその構築技法である。石垣の石材は主として石灰岩を用いている。その接合面は安定しておらず、隙間がかなり空いている。そこに間詰《まづめ》石を充填するのではなく、粘土を詰め込んで接着剤としていたの

写真６　鎌刃城の石垣

石垣の石材は城跡周辺で産出する石灰岩である。石材は加工しない自然石で野面積みとなる。石材と石材の接合面は少なく、多くは小口に接合部を有さず、控えで接合していたものと見られる。石材間の透間には間詰石は認められず、発掘調査の結果石材間に粘土を詰めて接合していたことが明らかとなった。

石垣は主郭だけではなく、多くの曲輪と虎口部分や堀切の切岸面にも用いられていたことが判明しており、ほぼ石垣造りの山城であった。その構築年代は出土した瀬戸美濃陶器が大窯２〜３段階と見られることより、16世紀中頃と考えられる。戦国時代の石垣造りの城として平成17年度に国史跡に指定された。

なお、石垣の天端は崩れており、城割のおこなわれたことを示している。

である。主郭正面ではこうした技法によって高さ4ﾄﾙにおよぶ石垣を築いている。

(2) 水茎岡山城〜南近江（近江八幡市牧町）

安土城の大きな特徴のひとつが高石垣である。安土城以降の城郭では石垣が恒常的に用いられるようになる。しかし、安土以前の城郭にも石垣の用いられた城郭があり、その最古の事例が水茎岡山《みずくきおかやま》城の石垣である。

琵琶湖に突出した半島状の独立丘陵に構えられていた水茎岡山城は、室町幕府第十一代将軍足利義澄《よしずみ》を迎えるために九里《くのり》氏らによって永正《えいしょう》五年（一五

写真7　水茎岡山城の石垣（滋賀県教委 1981）

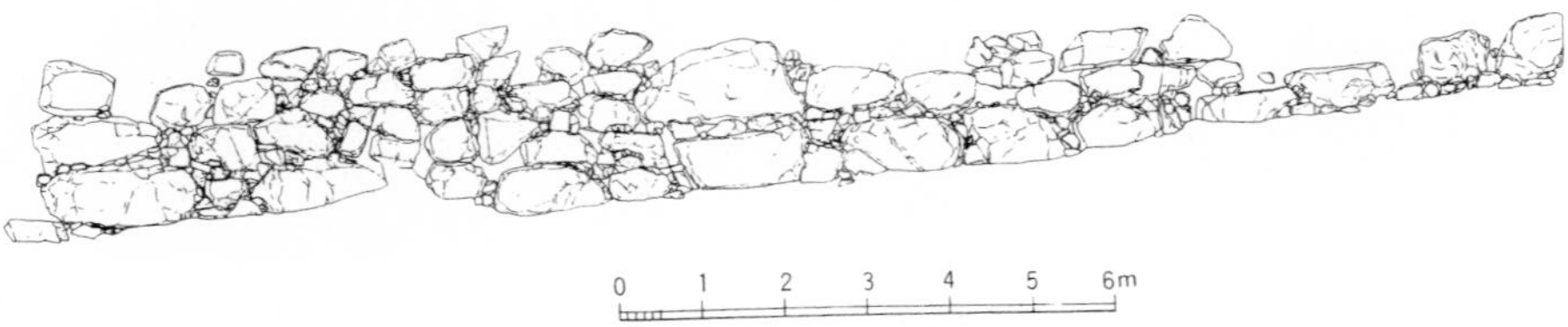

第3図　水茎岡山城石垣実測図1（滋賀県教委 1981）

〇八）に築かれた城とされている（『不問物語』続群書類従合戦部）。義澄は前将軍義尹《よしただ》の擁立をねらう大内氏らの軍事行動を避けて出京、近江守護の六角氏を頼って逃れてきたのだが、この義澄を積極的に受け入れたのが六角氏の分国支配を支えていた国人領主伊庭《いば》氏の被官、九里氏であった［新谷二〇一八］。

義尹・義澄の二派に分かれて将軍家が分裂するなか、義澄に肩入れする九里氏と、中立的な立場をとる六角氏であったが、永正八年（一五一一）に義澄は将軍に復帰できないまま水茎岡山城で死去、永正十一年（一五一四）には伊庭氏・九里氏ともに六角氏のもとを去り、敵対関係に陥る。伊庭氏は六角氏と対立していた京極氏・浅井氏の支援を受けて抵抗するものの、大永《だいえい》五年（一五二五）に六角氏と浅井氏の合戦で「クリノ《（九里）》父子生涯」（『経尋記』大永五年九月四日条）の後、六角氏との抗争は収束に向うとされている。この大永五年の戦いで水茎岡山城は落城し、廃城になったと考えられている。

現在の水茎岡山城は干拓事業で周辺の環境が様変わりしており、半島状に飛び出す丘陵の姿は見る影もないが、標高147・8㍍の頭山は近年の改変を受けて遺構の残りは悪いものの、標高185㍍の大

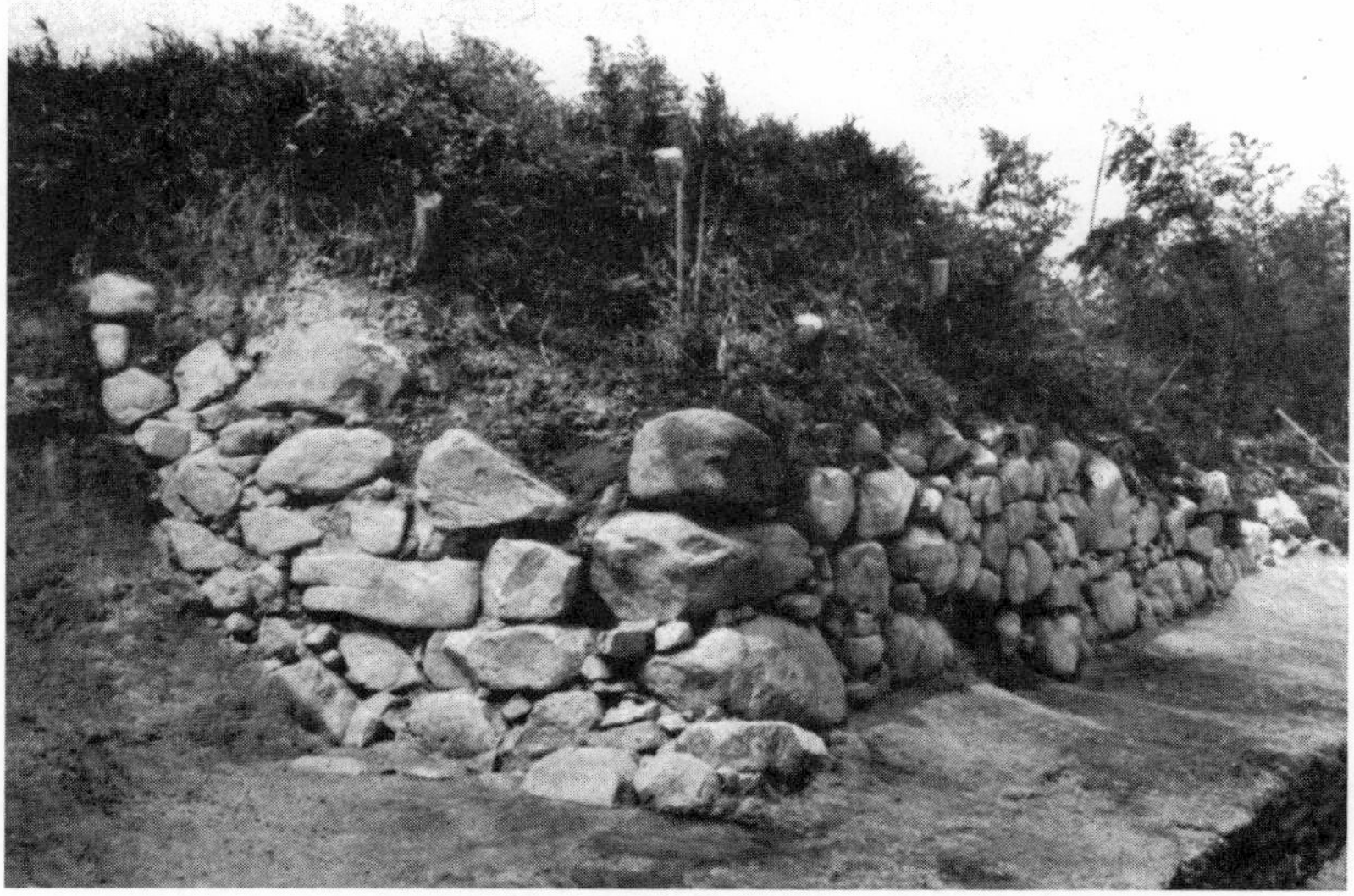

写真８　水茎岡山城の石垣　隅角部（滋賀県教委 1981）

第４図　水茎岡山城石垣実測図２（滋賀県教委 1981）

山には曲輪と土塁が残る。この山頂部に石垣は残っておらず、頭山と大山の鞍部で発掘調査が実施された結果、曲輪跡・礎石建物跡・石組み溝とともに石垣が検出された［滋賀県教委 一九八一］。

石垣はほとんど加工していない自然石をほぼ垂直に積み上げたもので、残存する最も高いところでは3㍍におよんでいる。隅部は自然石ながら算木積みを意識しているようで、長短交互に積み上げているものの、稜線はまったく通らない。

水茎岡山城は大永五年の落城後に廃城になっているとすれば、検出された石垣は永正五年から大永五年の間に築かれたものであると考えられる。観音寺城の石垣よりもさらにさかのぼるもので、安土城に先行すること実に六十年以上も古い。城郭に導入された石垣のなかでは最古に位置づけられる。

(3) 観音寺城（滋賀県近江八幡市・東近江市）

安土城の背後に聳える繖山《きぬがさやま》に展開する観音寺城《かんのんじ》は、近江守護佐々木六角《ろっかく》氏の本城である。その特徴は全山を高石垣によって構成されている点にある。おそらく織田信長以前の城で高石垣が用いられた唯一の事例と位置づけることができよう。城郭構造については従来から指摘があるように、屋敷地の集合体であり、軍事的な評価は低かった。

しかし曲輪の切岸を全て石垣によって構築している土木技術は高く、I章でものべたように矢穴技法によって採石された石材が使われていることも再認識しなければならない。

この観音寺城の石垣については大変興味深い文献史料が残されている。金剛輪《こんごうりん》寺《じ》文書「下倉米銭下用帳《したくらべいせんげようちょう》」（以下、下用帳）がそれである。長享《ちょうきょう》元年（一四八七）から弘治《こうじ》元年・二年（一五五五・六）までの金剛輪寺の支出項目の残闕《ざんけつ》を継いだものである。その中の観音寺城の石垣に関わるものを抜き出して列記してみよう。※4

なお、「下用帳」は、冒頭に支出した米銭の量を記したあと、何に使ったのかを具体的に書き載せている。原則として日付順なのだが、残念ながら石垣の記事は史料が火事で焼けているため、月日は不明である（冒頭の算用数字は時系列が理

※4　金剛輪寺「下倉米銭下用帳」については、愛荘町教育委員会『金剛輪寺下倉米銭下用帳』（二〇一〇）によった。

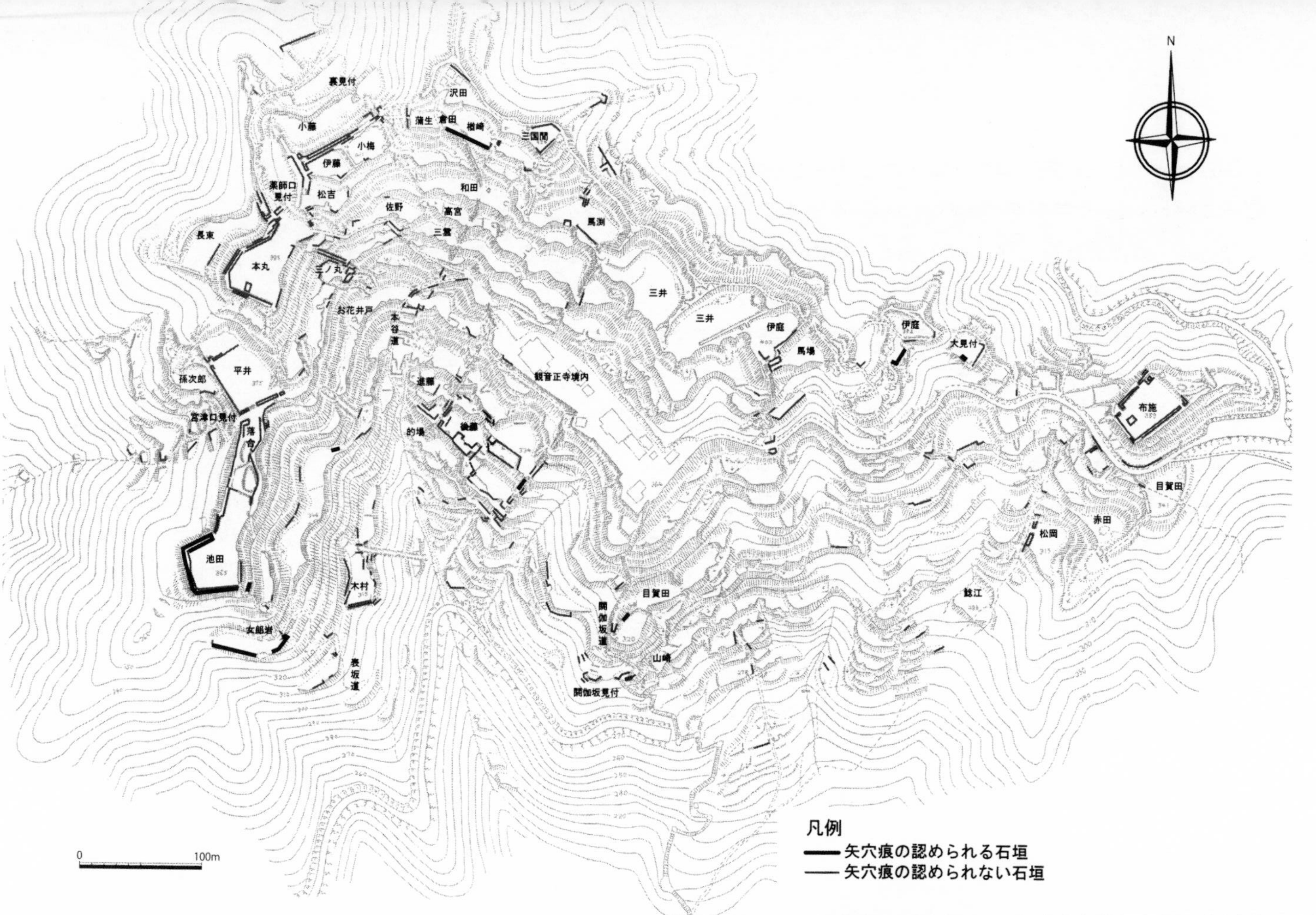

第５図　観音寺城石垣位置図・矢穴有無状況把握図（下高他 2019）

解しやすいように筆者が補った)。

1　八斗　御屋形様惣人所下、石垣打可申之由被仰出、谷十介殿方被来候、上
　　下一宿飯酒

2　六升　同石垣之事、談合衆会酒

3　二斗八升　同石垣之事ニ三上宗右衛門殿江樽一荷遣候分

4　八升　御屋形様石垣打申候ニ付而、西座より賄之事、御訴訟申上之由にて、
　　谷十介方被来候、上下飯酒

5　六升　同石垣賄之事、西座申候間、談合之衆会酒

6　一斗　御屋形様いしがき賄事、西座出入申候へ共、出状仕相果候時酒肴

7　一斗六升　上之石垣之事ニ三上殿使者十介方賄之事、西座申通被仰候て、
　　御出之時、上下両度飯酒

冒頭の御屋形様とはいうまでもなく、守護六角義賢《よしかた》のことであり、ここに記された「石垣打」とは居城観音寺城の石垣普請を指していると考えてまずまちがいない。特に「打」とあるのは『日葡辞書《にっぽじしょ》』[※5]に「楔《くさび》は打つ」と説明しており、さらに打の語義には「くぎ、くいなどをたたいて入れこむ」「たたいたり、はったりして、ある物を安定させる、固定する、また、ある状態に作りあげる」(『日本国語大辞典』第二版)などとある。つまり「石垣打」とは、楔を用いる矢穴技法によって石材を加工したことを示しているとも考えられよう。[※6]

※5　ポルトガル語で日本語を説明した辞書。一六〇三年出版(岩波書店、一九八〇年)。

※6　北垣聰一郎さんは『石垣普請』のなかで、「伝館址については、『近江愛智郡志』に引用する金剛輪寺文書の『下倉米銭下用帳』によれば、「御屋形様石垣打申」とあったり、「御屋形様惣人所下石垣打可申」とあって、それは天文五年(一五三六)とみなすことができるものである。」(一八〇〜一八一頁)とし、観音寺城山麓部の伝御屋形の石垣を下用帳に記された石垣とされている。これに対し、村田修三さんは『五個荘町史』第1巻(五個荘町役場、一九九二)のなかで、「御屋形様」とは六角定頼(ママ：六角義賢)のことで、居館の意味ではないとし、下用帳に記された石垣が観音寺城のどの場所かは特定できないとしている。むしろ「上之石垣之事」とあることより山城のいずれかの部分であった可能性が高いとしている。ちなみに、「上之」は場所を指すのではなく、「上述の」と解する案もあり得る。

「下用帳」からは観音寺城の石垣普請について六角氏の家臣三上宗右衛門《みかみそうえもん》の使者谷十介《たにじゅっすけ》が度々金剛輪寺を訪ねていることがわかる（1・4・7）。「上下一宿飯酒」は谷十介に支払う交通費・宿泊費・飲食代であろう。さらに金剛輪寺の西座衆が「石垣賄事《まかないのこと》」の会議（談合）に深くかかわっていたこともわかる（5）。2の談合衆も西座だろうが、西座の実体は不明であり、金剛輪寺の寺普請を担当していた集団であったといわれている。※7 つまり観音寺城に石垣を構築するにあたって、守護六角氏にはそうした技術がなく、金剛輪寺の西座がもっていたため、その技術の提供を武家が寺院に求めたという解釈が成り立つ。

ちなみに、「下用帳」にある「賄事」とは、食事の接待の意味だと文意が通じない。本福寺跡書《ほんぷくじあとがき》※8の「公儀《こうぎ》・国方《くにかた》のまかない、家別・屋別」と同じ用法で、費用を出すこと、出費と解釈するほうが穏当だろう。つまり、金剛輪寺の西座に石垣打にかかる費用を負担してほしいというのが六角氏の意向（御屋形様の仰せ）になる。

1の「惣人所」の文意が難しい。「惣人所」という一機関なのかもしれないが、ほかに用例を聞かない。「人所」が人の住む場所（『日本国語大辞典』第二版）の意味ならば、「すべての屋敷」と解釈する案もあり得る。「下」は「下す」（命じる）と読む可能性も捨てきれないが、「石垣打申すべきの由、仰せ出され」と「申《もうす》」が「可《べき》」にかかるのがネックである。仮に「下」が場所を指すと解釈できれば、

※7 金剛輪寺前住職浜中光礼氏からは、金剛輪寺の坊院は四つの谷から形成されており、南谷と北谷は学問僧、西谷は寺普請に携わる集団、東谷は寺領の農耕に従事する集団であったと御教示を賜わった。

※8 近江国堅田の本福寺住持が記した十六世紀前半の記録。

「御屋形様はすべての屋敷下（惣人所下）に、石材を加工した石垣で仕上げるようにと仰せられた」と要約できるだろうか。「下」は「～のもとに」とも読むか。

文意は不確かだが、御屋形様の「仰せ」に対して西座は談合し（2）、六角氏に負担を軽減してもらおうと決めたのだろう。重臣の三上氏に「石垣之事」（3）で樽一荷を送っているのは、その口利き料ではないか。それでもまだ御屋形様から石垣打の要請は止まず、西座はついに「御訴訟」することに決して使者谷十介に来てもらい（4）、再び会議を開いている（5）。さらに「御屋形様いしがき賄事」で西座は、六角氏に直談判で交渉しようとしたようだが、書面にて訴えることに決まったとみえる（6「出入申候へ共、出状仕相果候」）。その結果、「（石垣）賄の事、西座の申す通りに仰せられ候て」（7）と西座の主張が通った、というストーリーになるだろうか。

「下用帳」の中には六角氏に対する「訴訟」「出入」文言は他に用例がないので、石垣打の職人を観音寺城の石垣普請に振り向けるのは、金剛輪寺の西座にとってかなり大きな負担だったこともわかる。

西座が六角氏に訴える内容は、①案：すべての「人所」（屋敷）に石垣打は無理なので、主要なところだけにして欲しいと嘆願した、②案：職人らに支払う賃金を六角氏にも応分に負担してもらうよう要求した、③案：観音寺城に派遣する職人の数を減らして欲しいと願った（日程の調整か）等々と想像はできるものの、

写真８　観音寺城平井丸の顎止め石

史料からはわからない。いずれにせよ「下用帳」は職人・寺院・大名との関係が読める面白い史料である。

残念ながら金剛輪寺には十六世紀第３四半期にまでさかのぼる石垣は存在しないが、数百におよぶ坊院跡には十六世紀後半以降の石垣が多く認められ、そうした石垣普請に寺内の衆が直接関わっていた可能性は高く、観音寺城の石垣は中世の巨大寺院の坊院群を形成した石垣構築の技術力を動員したものであったと考えられる。

十六世紀第３四半期には「石垣打」の者共（石工職人だろう）が活動していたのであり、それは単に湖東の寺院だけでなく、多くの寺院で独自に技術者集団として活躍していたようである。

では、金剛輪寺の抱える技術者を動員して築かれた観音寺城の石垣の特徴には何があるだろうか。最後にあげておこう。

①巨石を垂直に近い角度で積む。
②隅石には方形の石材を用いる。
③石垣には栗石が充填されている。
④顎止め技法（写真８）とよばれる構築技術が採用されている。
⑤石材は矢穴技法によって採石されているものがある。

④の顎止め技法とは、たとえば、平井丸正面の門跡両脇の石垣基底部

写真 9　観音寺城本丸の石垣

垂直に立ち上がる石垣。出隅の角に立石が置かれているが算木積みではない。

写真 10　観音寺城進藤氏屋敷の石垣

隅石に方形の石を使っているのがわかる。最も崩落しやすい隅角部分を補強する工夫で、見栄えもよくしたいとする意識のあらわれだろう。

写真11　観音寺城の矢穴痕のある石垣　16世紀中頃
石材に残る逆U字状の痕跡が矢穴痕。この穴に楔をさして玄翁などで打ち込むと、母岩が割れて石垣に使う石材が採れる。矢穴の形である程度の年代がおさえられ、観音寺城の矢穴痕は文献史料から16世紀中頃の基準資料にもなる。

をみると、築石より一石分前面に出ているのがわかる。この突き出た石を顎止め石とよんでいる。東国の石垣として著名な北条氏の八王子城にも共通する技法がみられるが、むろん東国の技術が観音寺城に導入されたものでもないし、観音寺城の技法が関東に伝わったわけでもない。石垣を安定して積むための技法として観音寺城でも、北条氏の城にも用いられたものであろう（八王子城は安土築城後の事例になる）。

⑤の矢穴とは石垣の石材を母岩から切り出すために、母岩にタガネやノミによって方形の小穴を穿ち、そこへ楔をはめ込み、玄翁《げんのう》で打ち込んで石材を切り出した際に生じる痕跡のことである（写真11、Ⅲ章も参照）。この矢穴によって石材を切り出す技法は従来文禄《ぶんろく》・慶長《けいちょう》年間以降に出現するものと考えられていた。それが滋賀県教育委員会の北原治さんによって観音寺城にも存在することが確認されたのである［北原二〇〇八］。

現在のところ矢穴痕を残す石垣は、池田丸・権現見附・伝御屋形などの広範囲で確認されており、観音寺城の石垣には普遍的に用いられた技法であると考えられる。さらに北原さんによれば、観音寺城の矢穴技法で注目できるのは、矢穴が石材の一

写真 12　観音寺城　伝御屋形の石垣

写真 13　観音寺城　伝御屋形の石垣に残る矢穴痕

写真 14　三雲城の矢穴痕のある石垣　16 世紀中頃～後半

矢穴痕が観音寺城とは異なる。矢穴を連続していくつも穿つのは時期的に新しく職人の腕も劣るのではないかと考えられている。

辺に並列されているのではなく、隅部に二～三個のみ認められることで、北原さんはこの技法を「観音寺技法」と呼んでいる。一辺に並列して矢穴を設ければ、工人であれば誰でも石を割ることができるが、隅部にのみ矢穴を設けて石を割るのは工人個人の能力によるところが大きい。金剛輪寺の抱える職能者集団がもつ技術がこうした観音寺技法であった可能性は高い。

この観音寺城と同一の技術を用いた石垣が六角氏の領国内の城郭にも導入されている。小堤城山城《こつつみしろやま》、三雲《みくも》城である。特に小堤城山城と三雲城の石垣石材には矢穴が認められている。小堤城山城は六角氏の重臣永原氏によって築かれた城郭である。また三雲城も六角氏の有力な被官三雲氏によって築かれた城郭である。

こうした湖南の拠点的城郭に観音寺城と同様の技術によって積まれた石垣が用いられているのは、六角氏の築城の特徴として捉えることができよう。ところで、六角氏関係の城郭には堀切があまり用いられていない。これは堀切にかえて、石垣を積むことによって遮断線を構えたのだと思われる。

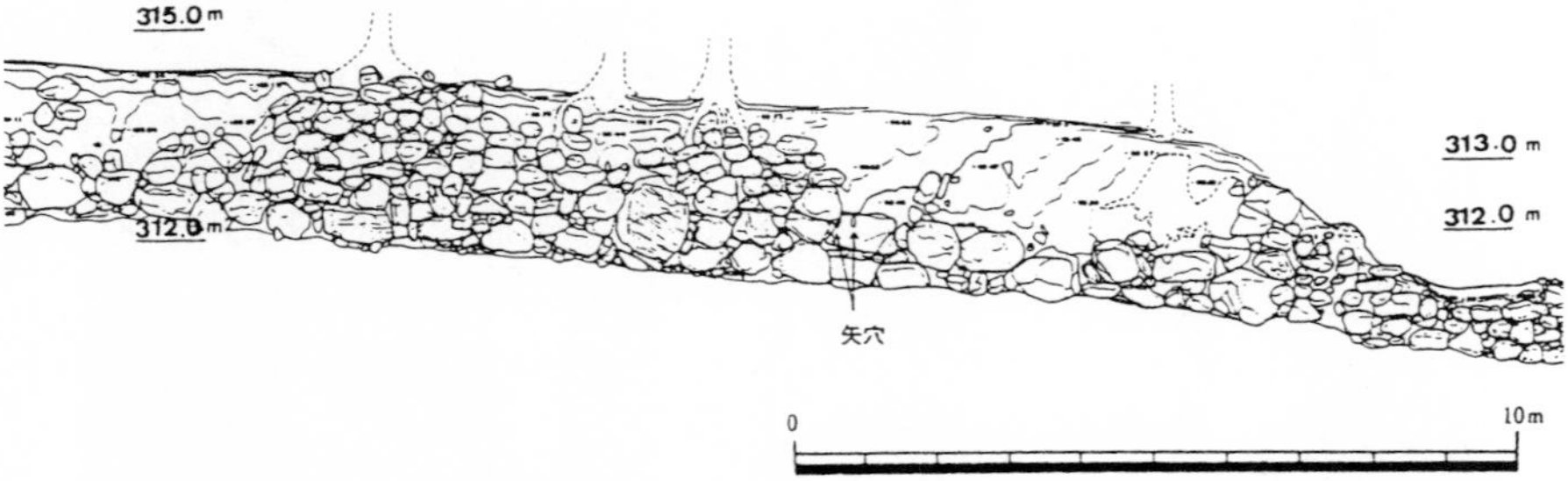

第6図　白山平泉寺区画D-16石垣立面図（部分）（宝珍1993）

3　越前・畿内の戦国期石垣

(1) 白山平泉寺（福井県勝山市）

中世の有力な寺院は技術者集団を抱えていたが、たとえば養老《ようろう》元年（七一七）泰澄《たいちょう》によって開かれたとされる越前の白山平泉寺《へいせんじ》は、中世に隆盛をきわめ、白山神社を中心に南谷に三千六百坊、北谷に二千四百坊もの坊院が存在していたと伝えられている。

この白山平泉寺では、近年の調査によって、坊院を区画する石垣や石敷の通路が検出されている。石垣は坊院を区画する土塀状の構造から、報告書では「土塀石垣」と称している。第3次調査で検出された区画D—16の北側土塀石垣（第6図）は延長41㍍、高さ0．8～2．3㍍を測る。その特徴は反りがなく垂直に積まれていること、径1㍍大の地山に含まれる山石をある程度の間隔をおいて配置し、その間に径30～50㌢大の山石や河原石を横長に用いていること、基本的には裏込石を用いていない点などがあげられる。また入口の両脇には径1㍍大の山石を縦長に配置している点も注目される。

さらに第3次調査で検出された土塀石垣のうち、一ヶ所で矢穴が確認された（写真15）。矢穴は80×50㌢大の石の中央に、縦15㌢、横6㌢、深さ7㌢の大きさ

写真 15　白山平泉寺の矢穴のある石垣　▲マークが矢穴痕

写真 16　白山平泉寺の「土塀石垣」と石敷き通路

向かって右の隅には大きめの石がすわっている。石敷き通路と向かって左の石垣は復元整備されたもの。丸っこい河原石を横長に使っているイメージは写真でわかるだろう。この石垣で囲われた中に僧侶の住まう坊院がある。

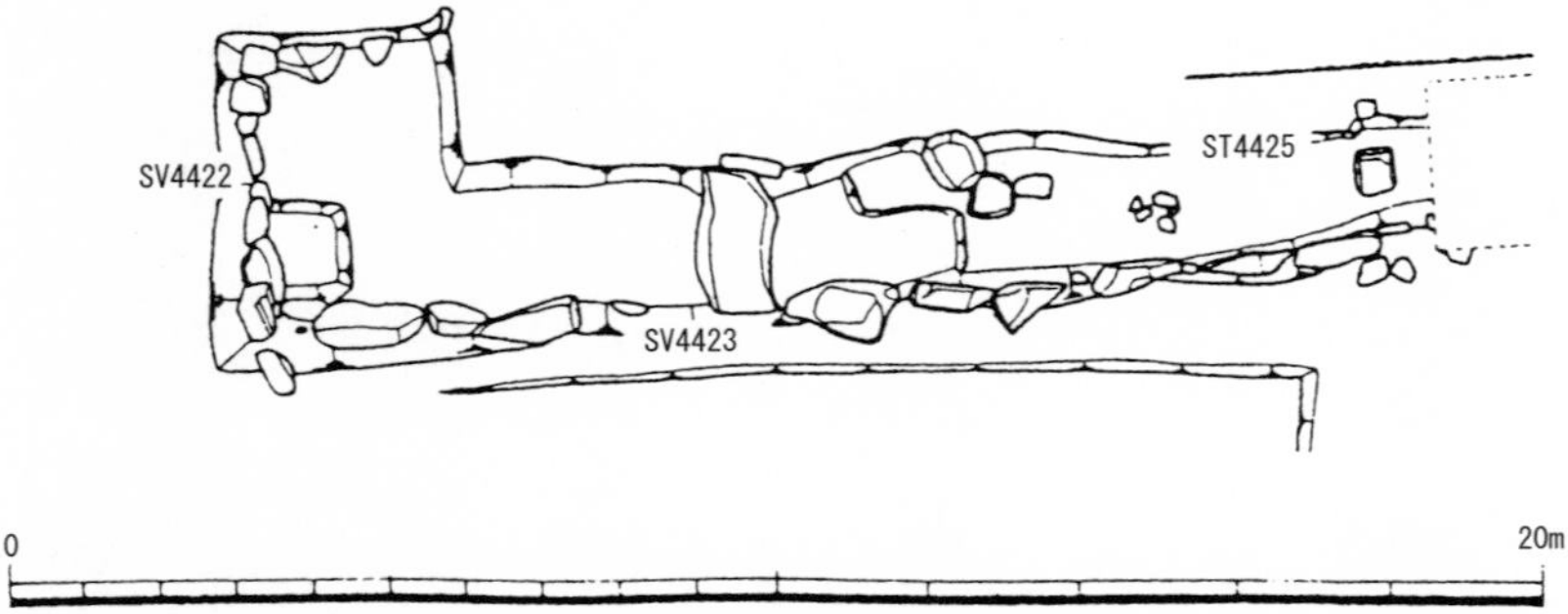

第６図　西山光照寺石垣平面図（岩田他 1994）

で穿たれていた。同じ石材の左端部分には、二ヶ所にわたって石を割った矢穴痕もある。

この坊院を区画する土塀石垣の構築年代は、出土遺物が十三〜十六世紀におよんでおり、しかも遺構面が少なくとも三面存在しているため、帰属年代を確定できない。特にその性格から何回もの積み直しはあったようだ。ただ白山平泉寺は天正二年（一五七四）一向一揆によって焼き討ちされており、少なくとも十六世紀第３四半期以前に収まることはまちがいない。安土城以前の石垣として注目できる石垣である［宝珍 一九九三］。

(2) 西山光照寺（福井市）

特別史跡一乗谷朝倉氏遺跡の下城戸の外側に位置する西山光照寺《にしやまこうしょうじ》は、寺伝によれば平安時代に創建されたと伝えられている。朝倉氏との関係は初代朝倉孝景《たかかげ》が、伯父鳥羽《とば》将景《まさかげ》の菩提《ぼだい》を弔うため天台宗の高僧盛舜上人《せいしゅんしょうにん》を招いて再興したことによる。

平成六年に実施された第86・87次調査で石垣が検出された（第６図）。ＳＶ４４２２・４４２３がそれで、巨石を一列に配している。石垣と呼ぶよりは石列、あるいは石塀と呼べるものである。裏込石は認められない。立面図が掲載されていないので、石の正確な数値は不明であるが、平面図からは一辺１．５メートル規模の

写真 17　一乗谷朝倉氏遺跡下城戸の石垣

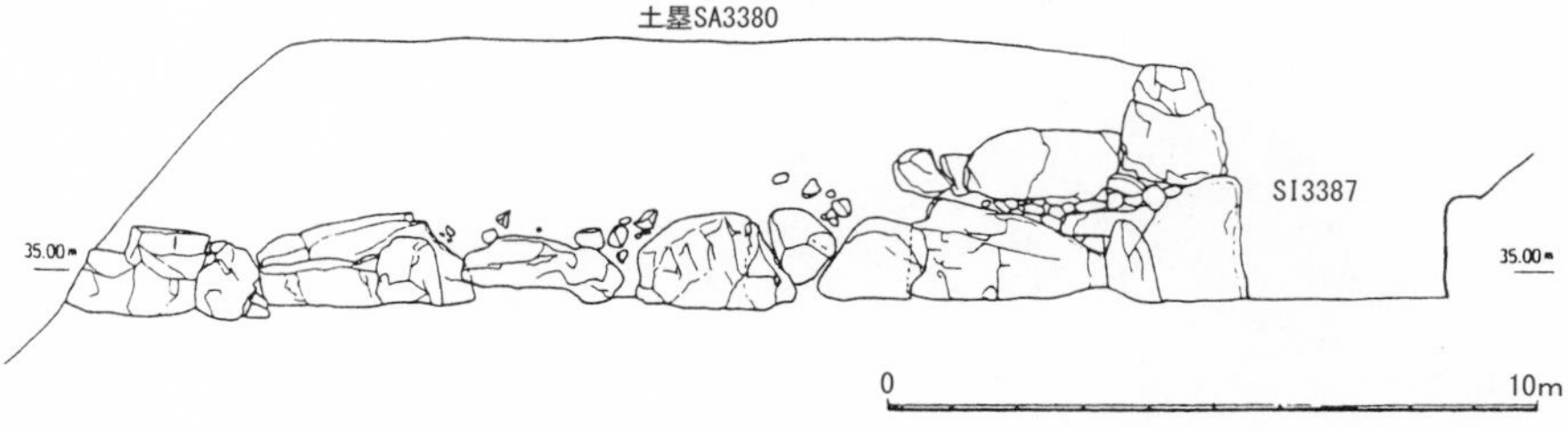

第 7 図　一乗谷朝倉氏遺跡下城戸石垣立面図（岩田他 1994）

巨石である。小さな石を積むよりは、むしろ巨石を配することで高さを確保するだけでなく、正面性も求めていたようである。報告書の図版写真を見るかぎり、自然石ではあるが正面に面をもたせようとした意図が読み取れる。十五世紀末から十六世紀はじめの石垣と考えられている［岩田他 一九九四］。

(3) 一乗谷朝倉氏遺跡（福井市）

一乗谷朝倉氏遺跡からは数多くの石垣が検出されている。ここでそれらすべてを検討することは本章の目的ではなく、紙面もないので、概要を述べておきたい。

まず土塁の裾部分に取りまく石垣があり、この石垣は大きく四つに分類できる。

Ⅰ類は下城戸《しきど》に見られる巨石を石列状に配置したもので、上方の土塁法面《のりめん》にはまったく石垣が認められない。

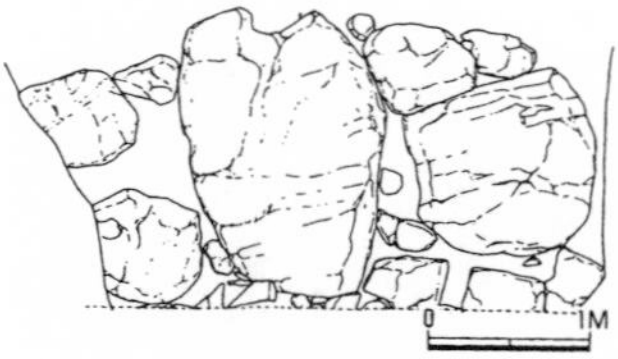

Ⅰ類　第 64・65 次調査 SV3712（吉岡他 1989）

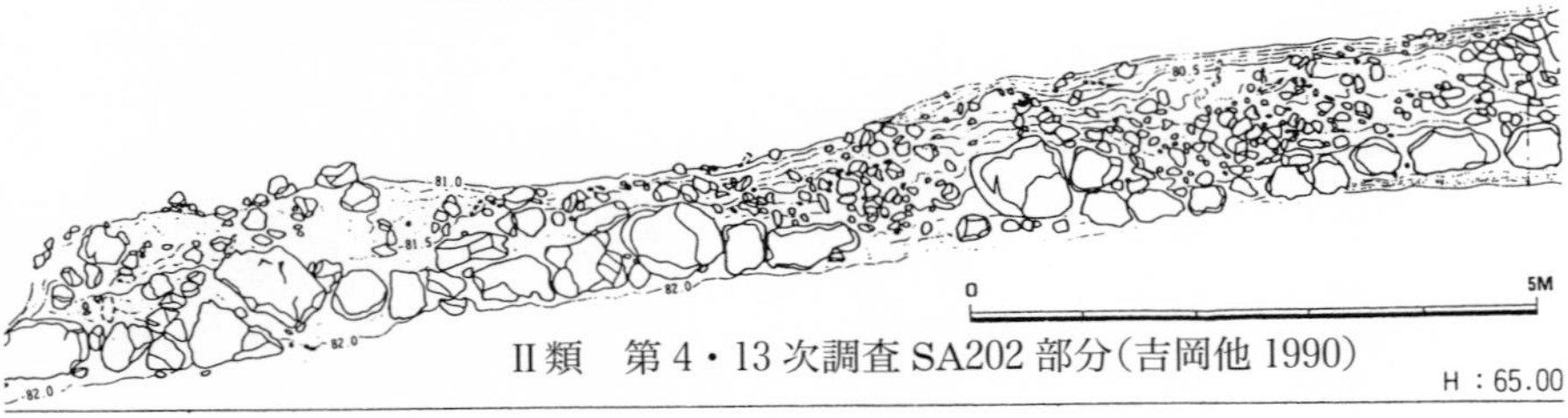

Ⅱ類　第 4・13 次調査 SA202 部分（吉岡他 1990）

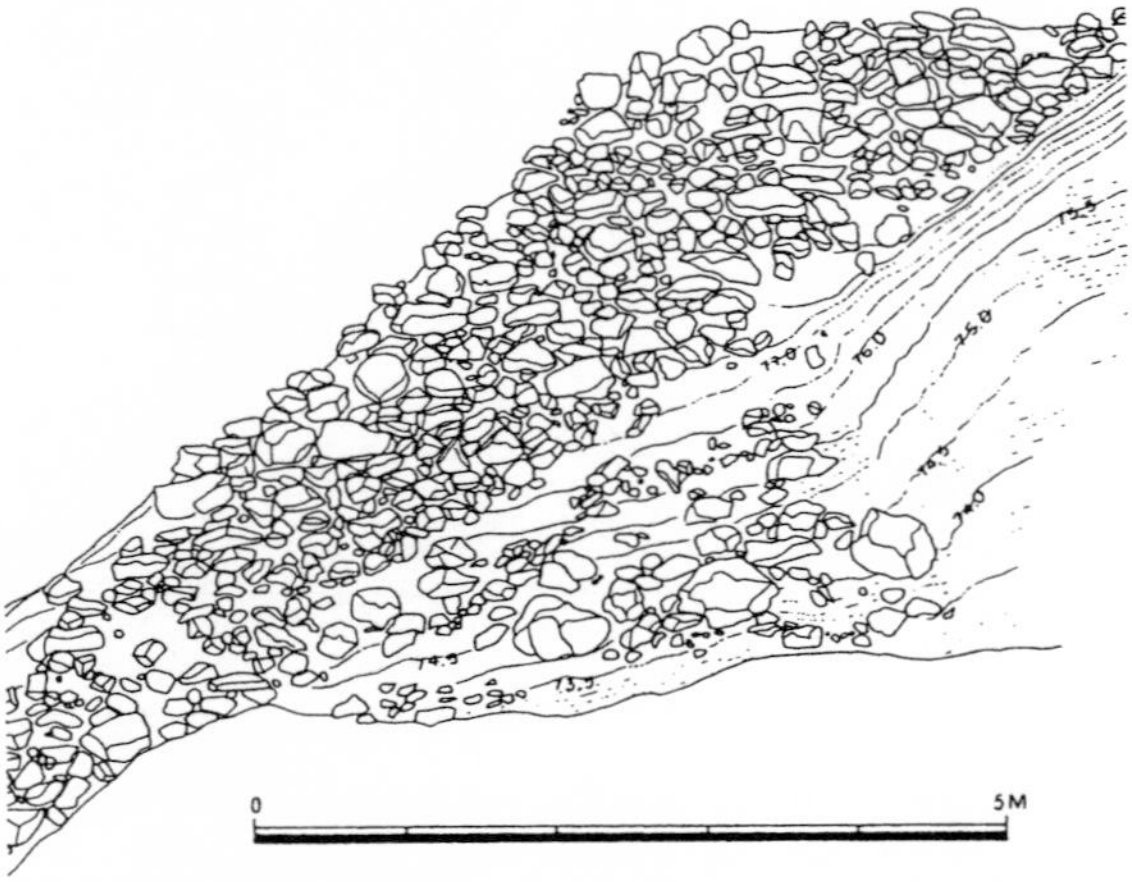

Ⅲ類　第 4・13 次調査 SV368 北端部（吉岡他 1990）

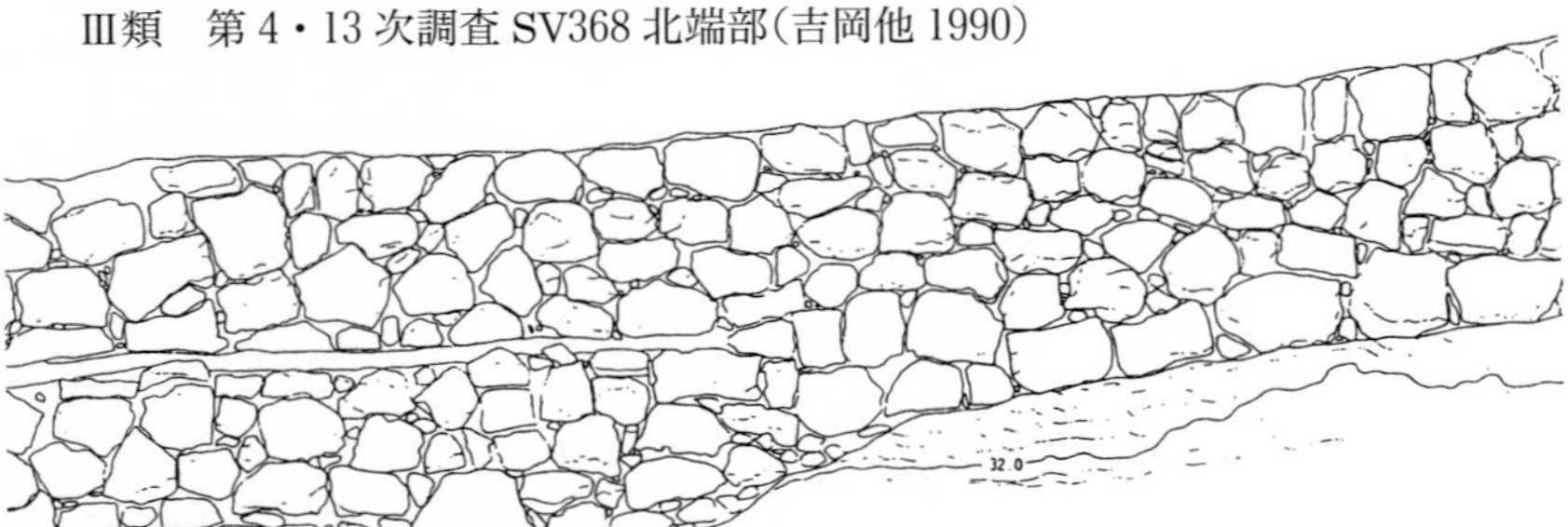

Ⅳ類　第 4・13 次調査空濠 SD366 石垣部分（吉岡他 1990）

第 8 図　一乗谷朝倉氏遺跡の石垣

写真18　一乗谷朝倉氏遺跡の屋敷区画に築かれた石垣
屋敷地の隅に大きめの立石を置き、まわりに2～3段の段積みをめぐらす。

さらに石垣は土塁裾部全面にめぐるのではなく、門部分のみに配されている。下城戸では立石も認められる［岩田他 一九八九・一九九四］。同様の石垣は第64・65次調査［吉岡他 一九八九］で南陽寺《なんようじ》でも検出されている（SV3712、第8図）。

Ⅱ類は同じく土塁の裾部にめぐる石垣であるが、石材はⅠ類に比べかなり小さいものを使用している。第4・13次調査で検出された土塁SA201、202などがこの類である［吉岡他 一九九〇］。

Ⅲ類は土塁全法面を石垣としているものである。ただし石材は小さく、積み方も非常に雑で、一見すると裏込石が露頭しているような構造となる。土塁SA201、SV368に顕著に認められる［吉岡他 一九九〇］。

Ⅳ類は第4・13次調査で検出されたSD366の北側で検出された石垣を指標とする。自然石を楔を用いて割り、その割り面を正面にして、面を整えている。総延長32.5㍍にわたって積まれており、中央部は上段高さ1.5～2.0㍍、下段高さ1.7㍍を測る二段積みとしている。一乗谷中最も整った石垣で、現在、他に例は認められない［吉岡他 一九九〇］。

一乗谷ではこれら以外でも武家屋敷の区画に石垣が用いられて

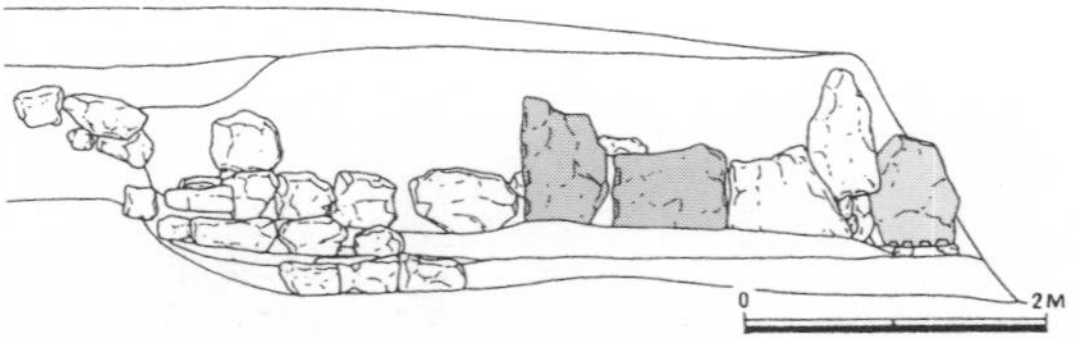

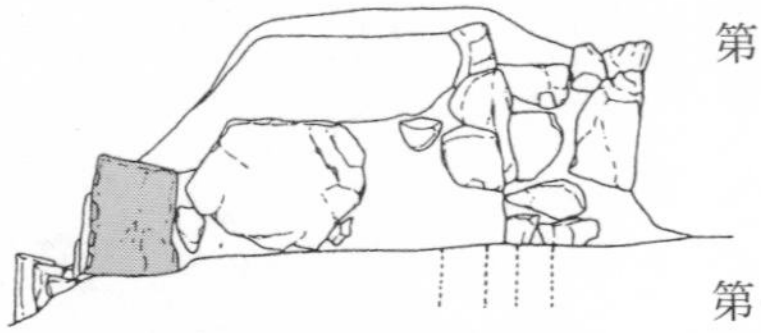

第4・13次調査SX214（吉岡他1990）

第4・13次調査SI367（吉岡他1990）

第9図　一乗谷朝倉氏遺跡の矢穴の認められる石垣（アミ掛けは矢穴石）

写真19　一乗谷朝倉氏遺跡の矢穴のある石垣

いる部分が多くある。こうした区画の石垣は、一つは土塁に伴うものであり、一つは土塀の基礎部分であり、大半が二〜三段積みの小規模なものである。

さて、こうした一乗谷の石垣で特徴的なものは立石を用いる点と、矢穴がすでに存在する点である。立石は門部分に必ず用いているのも特徴である。矢穴については第4・13次調査の門SI367石垣、階段状遺構SX214の石垣などに認められる（第9図、写真19）。

一乗谷は初代朝倉孝景が文明《ぶんめい》三年（一四七一）にその支配の拠点にしたことに始まり、天正元年（一五七三）五代義景《よしかげ》が織田信長に滅ぼされるまでの約百年間存続していた。検出された石垣も、大きくは十五世紀末から十六世紀末までの間に築かれたものである。個々の正確な年代は不明だが、最下限に位置づけたとしても、安土城に先行する石垣であ

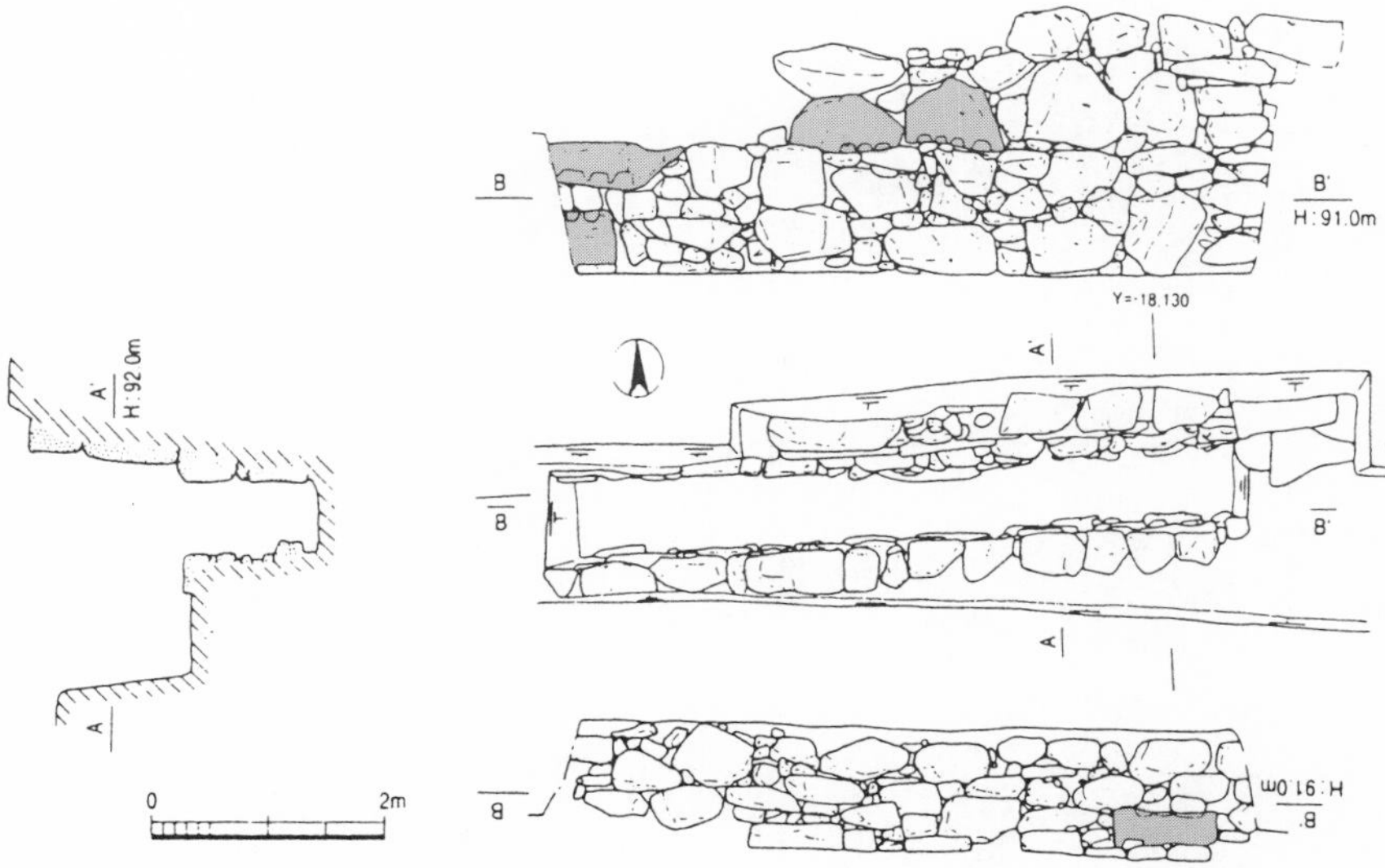

第10図　慈照寺SD20実測図（アミ掛けは矢穴石）（南他1996）

ることはまちがいない。

(4) 慈照寺（京都市）

慈照寺《じしょうじ》とは一般に銀閣寺の名称で親しまれている。平成五年度の発掘調査で石垣が検出された（第10図）。

ＳＤ20は慈照寺の北端を画する尾根の南裾に位置しており、寺地の北限を区画する溝であろうと見られている。この溝の護岸として両側に石垣が築かれていた。溝の深さは１．２㍍を測り、北側では溝の天端《てんば》に20㌢の控えをとり、さらにそこから１．２㍍の石垣が積まれていた。石材は花崗岩で、石垣にはまったく反りがなく、ほぼ垂直に積まれていた。石材は長辺０．６～１．２㍍の大きさの割り石を用いている。

矢穴の認められる石材が四～五石あり、調査面積からは多用されているといってよい。背面は未調査であり、裏込石の有無は不明であるが、少なくとも南岸には認められないようである［南他 一九九六］。

慈照寺は将軍足利義政《よしまさ》が文明十四年（一四八二）から延徳《えんとく》二年（一四九〇）まで造営を続けた東山殿《ひがしやまどの》の後身である。ＳＤ20から出土した土師器皿もこの年代と矛盾しないことから、慈照寺で検出された石垣は十五世紀後半に築かれたものと考えられる。

⑸ 根来寺（和歌山県岩出町）

室町時代末期には坊院堂社二千数百、僧侶一万人を数えたといわれる根来寺《ねごろじ》は、昭和五十年代より発掘調査が実施され、中世考古学に多大な情報を提供している。特に最近では大門よりさらに外側で巨大な堀跡も検出されており、単に寺院だけではなく門前に広く職人や町屋が堀によってかこまれていたと考えられ、一大宗教都市であった可能性が高く、白山平泉寺と同様に位置づけられよう。

この根来寺でも坊院を区画する石垣が多く検出されていたが、その大半は天正十三年（一五八五）の根来攻め以後の積み直しであった。

ところが昭和六十三年度から平成二年度にかけて実施された調査で天正十三年以前と考えられる石垣が検出された（第11図）。なかでもＳＶ14・ＳＶ15は高石垣として注目された。特にＳＶ15は高さ4．0㍍を測り、ほぼ直角に屈曲する入隅部を有している。石材は和泉砂岩の粗割り石を用い、正面の面を整えている。粗割りには楔を用いており、矢穴痕が認められる。

この石垣について北垣聰一郎さんは隅角部の算木積みが未発達であり、観音寺城伝御屋形の石垣隅角部と酷似することから天正以前、永禄～天文年間のものと推定されている〔佐伯他 一九九四〕。焼土層との関係で天正十三年以前の石垣であることはまちがいないが、今のところどこまでさかのぼるかは確定できない。

この調査で従来あまり注目されなかったが、重要な遺構としてＳＶ20、ＳＶ

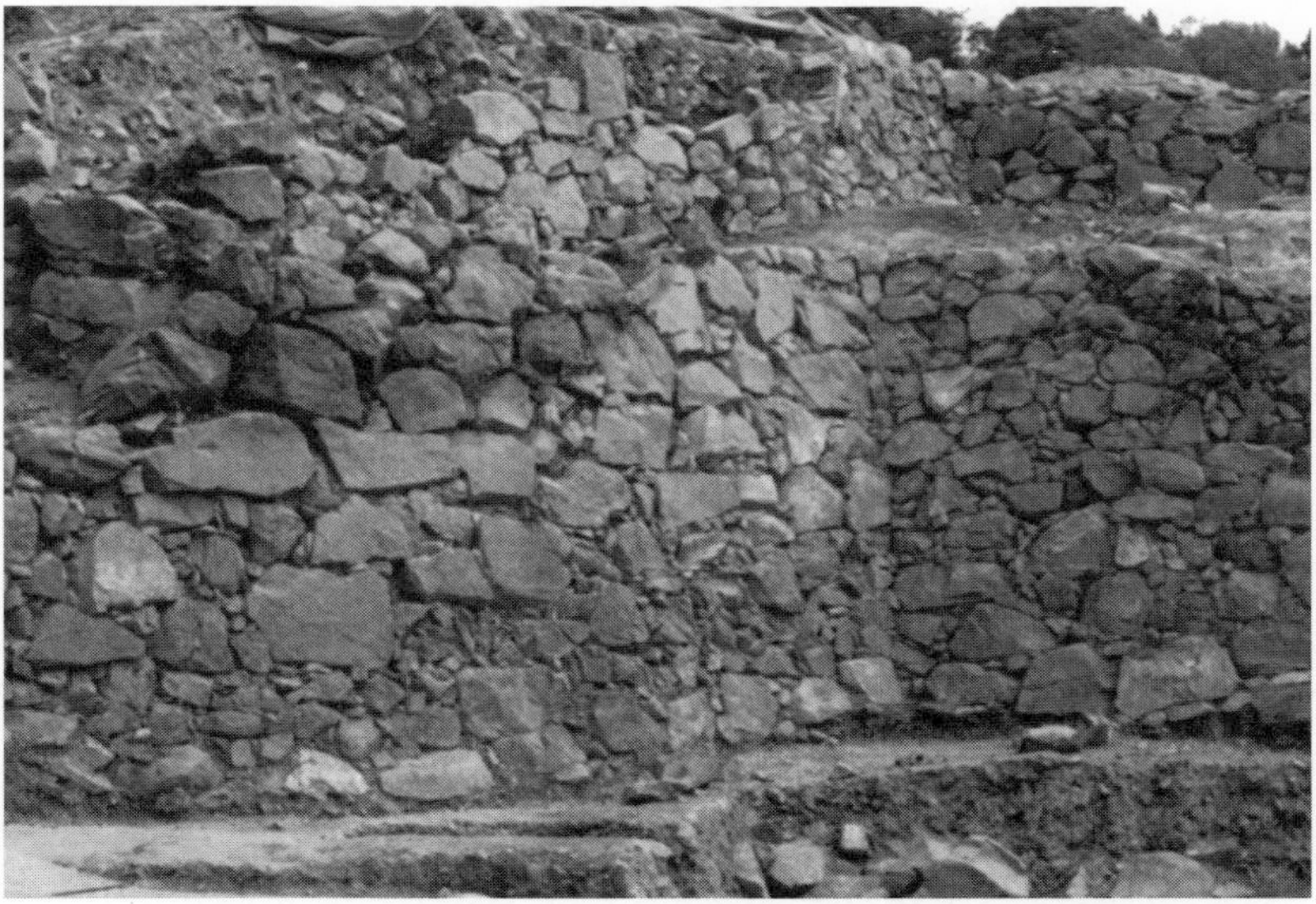

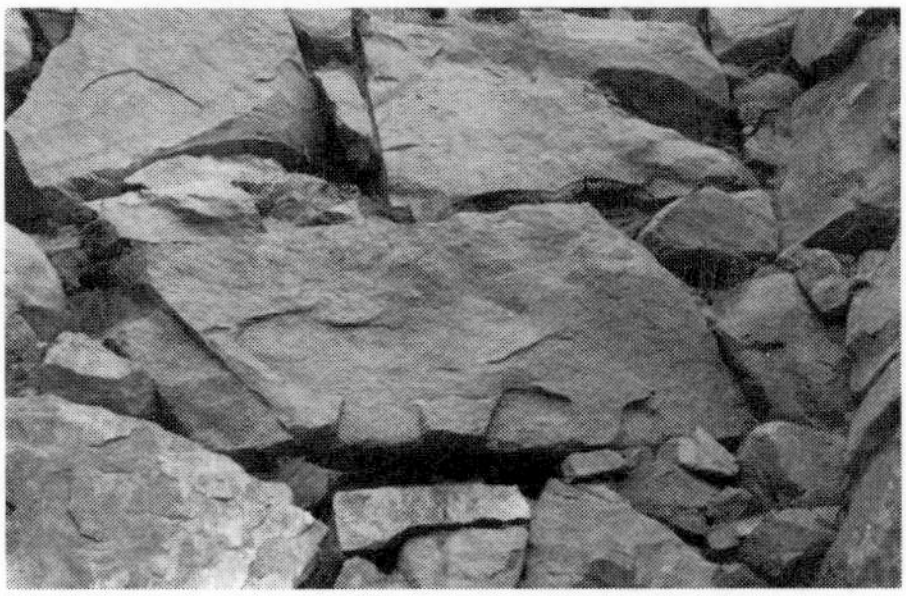

写真 20　根来寺の石垣
（SV15・上）と矢穴石（右）

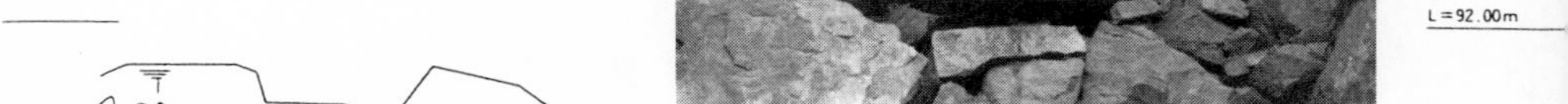

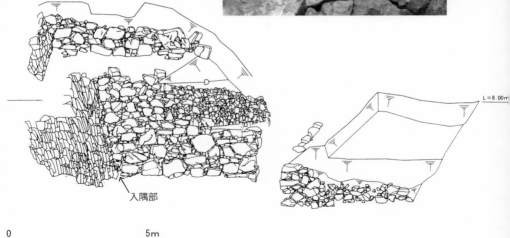

第 11 図　根来寺の石垣　SV-14・15 西面立面図（佐伯他 1994）

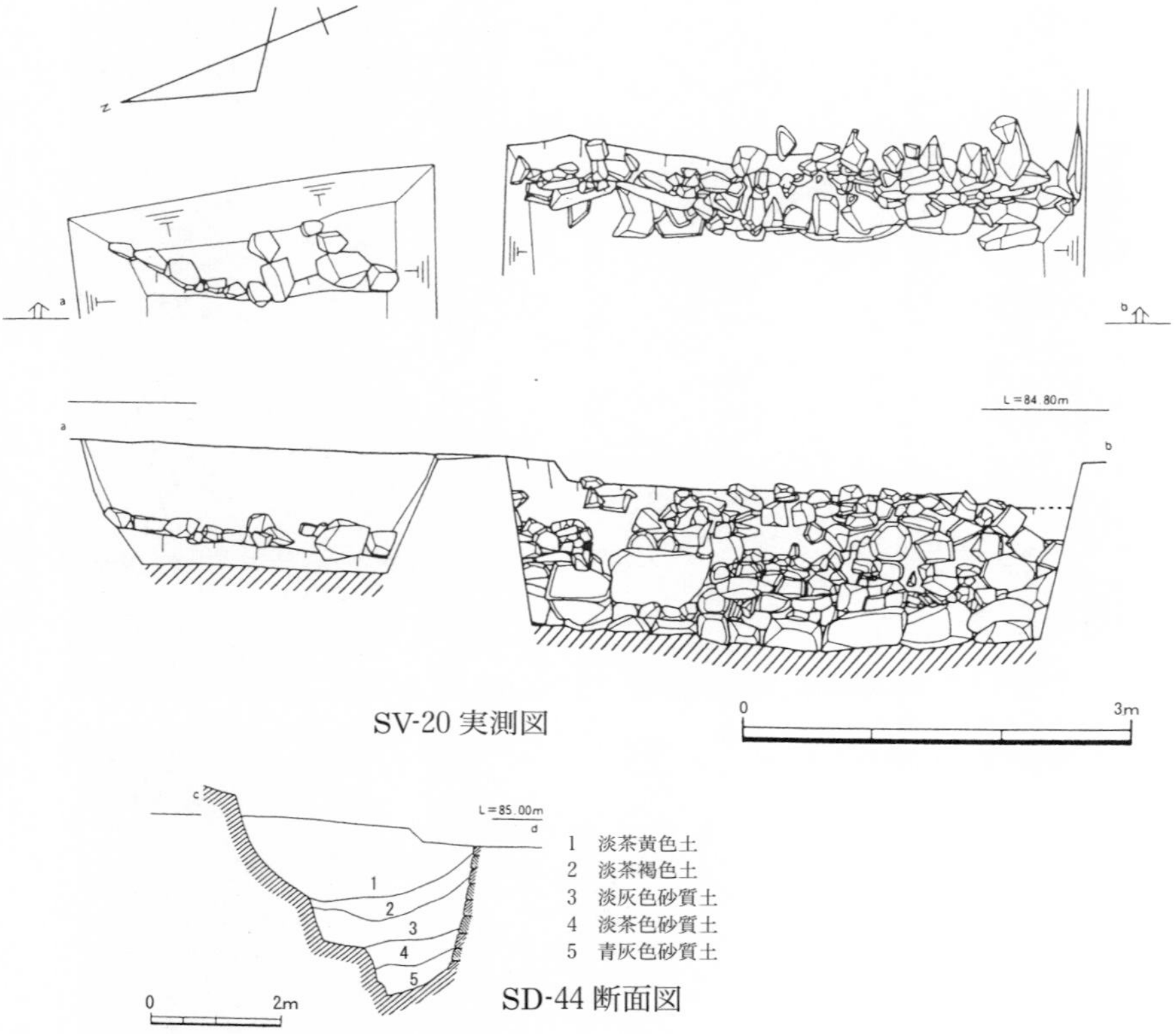

第12図　根来寺の石垣　SV-20 実測図と SD-44 断面図（佐伯他 1994）

21について評価しておきたい（第12図）。SV21は大溝SD44の南壁護岸の石垣で高さ2.0㍍を測る。SV20はSV21が西端で屈曲した南北石垣で、残存高1.2㍍を測る。基底部には50～60㌢大の石を横位に配し、それより上には小さな石を用い、積み直しが認められる。いずれもほぼ垂直に積まれ、反りはまったく認められない。

問題は大溝SD44が先の高石垣SV15の下にもぐり込んでおり、明らかに先行するものである［佐伯他 一九九四］。さらに大溝SD44からの出土遺物が十五世紀後半～十六世紀前半に位置づけられており、SV20・21はその年代の石垣として評価できる。

(6) 四天王寺（大阪市天王寺区）

四天王寺の石垣は堀の東壁に一段テラスを設け、そこから築いている。二条城内堀石垣と同じ工法である。残存するのは二〜三段であるが、裏込めの栗石は北側では入れているが、南側にいくにしたがって存在しなくなる。栗石の認められる箇所では、石垣面と同等の大きさの石材を並行に配しており、入念に裏込めを強化させている。こうした状況よりかなり高く石垣を積んでいたことが想像できる。石材のうち花崗岩には矢穴痕が認められる。石垣は横位に石材を配しているが、石材と石材の間に間詰石が入る。

　このようにかなり高度な技術によって築かれており、十六世紀後半の石垣と比較しても、何ら遜色のない石垣である。四天王寺の石垣はやはり四天王寺という寺院の抱える技術者集団によって構築されたと見るのが最も妥当であろう。

　四天王寺は今後の石垣研究に大きな波紋を投げかける資料である。年代の限定（十五世紀のどの時期に相当するか）については今後さらにしぼり込まれることであろう。調査の進展に期待したい。

(7) 慈恩寺・金剛寺遺跡（滋賀県安土町）

滋賀県安土町に位置する慈恩寺《じおんじ》・金剛寺《こんごうじ》遺跡から石積Ⅰ・Ⅱが検出された（第13図）。石積Ⅰは東西に延びる上面幅7.7〜8.4メートル、底面幅3.5メートル、深さ1.9〜2.2メートルの堀の北側に構築されていた。堀の傾斜面に水平な段を成形し、基底石を直接横位に配している。現状では二段分で約0.8メートルの高さを測る。本来はさらに一～二段積まれていたようである。裏込めには栗石を多量に含む暗灰《あんかい》褐色砂質土《かっしょくさしつど》が充填されていた。石積面の傾斜角度は80度を測る。石積の北背後には土塁が残されていることから、土塁の基底部および堀の肩部の土留め、さらには堀正面の荘厳化が意識されていたと考えられる。

この石積Ⅰは西端で入角部を有し、ほぼ直角に屈曲し南へ延びる石積Ⅱは一～二段が遺存していた。栗石は認められなかった。石積の構築は堀をいったん埋めてから石積Ⅰに接合しており、明らかに石積Ⅰに後出するものである。ただ堀は石積Ⅱ以東は埋められておらず、堀が掘削された後に土橋を新たに構築した際、土橋の側面に積まれた石垣と解釈できる［田路 一九九三］。

年代としては十六世紀中頃と考えられる。遺跡名が示す通り金剛寺が存在した地といわれている。金剛寺は近江守護六角氏頼《うじより》が亡父時信《ときのぶ》の菩提寺として建立した景瑞山《けいずいさん》金剛寺が応仁の乱で焼失した後、当地に再建された寺院であろうといわれている。また地籍図からは三方に堀跡の痕跡が明瞭に認められることから金剛寺城跡とも考えられている。※9

いずれにせよ安土築城前夜の時期に安土の地に築かれた金剛寺遺跡の石垣は注目できる。

※9　当該地の北東隣接地には浄厳院が位置している。この浄厳院は『信長公記』巻十二（天正七年）に「安土町末浄土宗の寺浄厳院」とあり、安土城下町の西端にあたると考えられ、小字にも「西ノ木戸」という地名が残されている。あるいは今回検出された堀、石垣はこの安土城下の西端を区切る施設という可能性も考えられる。

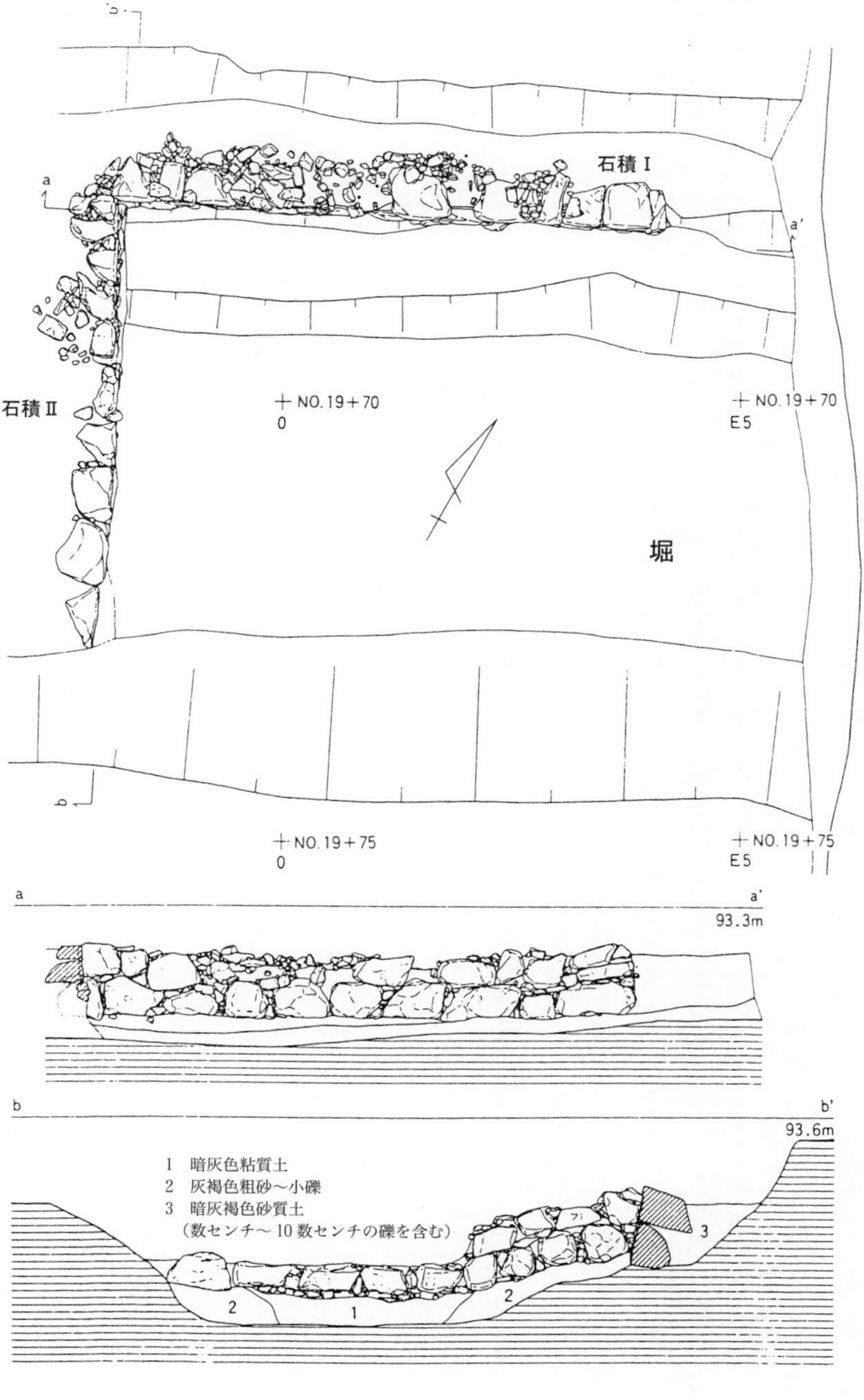

第13図　慈照寺・金剛輪寺石積Ⅰ・Ⅱ実測図（田路 1993）

4 三好長慶の城と石垣

ところで、こうした地域的特徴とは別に築城者個人が積極的に石垣を導入した事例がある。それは三好長慶《ながよし》による芥川城《あくたがわ》と、飯盛城《いいもり》である。

(1) 芥川城(高槻市)

天文二十二年(一五五三)に長慶が入城した芥川城では大手と考えられる谷筋に巨大な石垣を築いて遮断線としている。

芥川城の概要図(第14図)をみてほしい。大手道は郭⑰と郭⑧の間の南側谷筋にあったと考えられ(図中の破線)、谷筋に巨大な石垣を壁面とする郭がある。従来この石垣については、城郭に伴うものと、近世以降の治水に伴うものという評価に分かれていたが、城郭に伴う石垣であろうと考えられるようになった。

その根拠は、石垣の崩落した部分に栗石が認められること、表面の石材と積み方が郭⑰南東隅部の石垣と同じであること、さらに分布調査で確認できた郭⑩東側の石垣も同一であること、などである。

つまり芥川城の大手道と考えられる谷筋は、石垣を登城路の正面に配置するだけでなく、図をみてもわかるように、三段の削平地によって城道を極端に狭めた

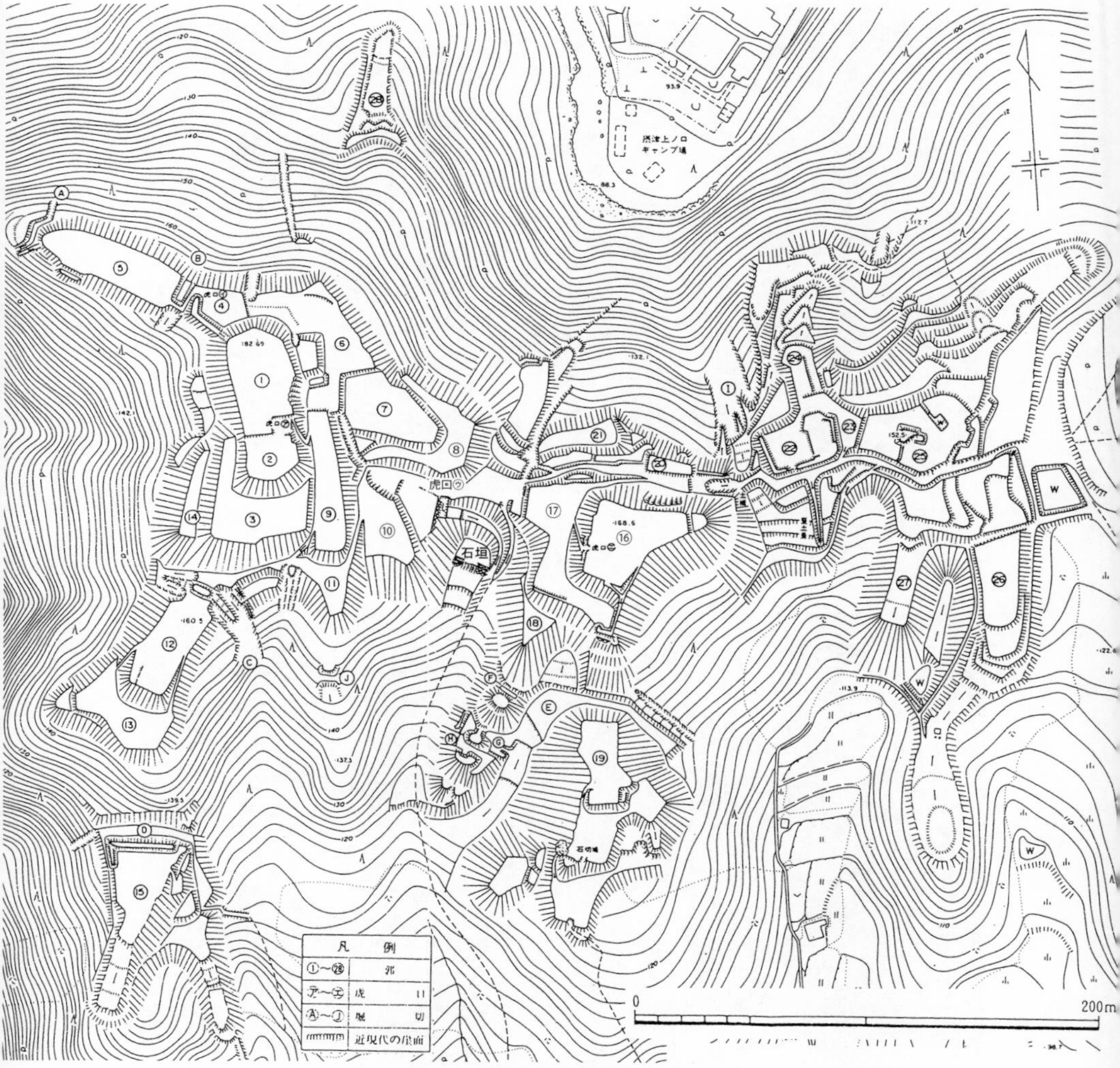

第14図　芥川城概要図(中井均作図)

写真 21　芥川城大手石垣

石垣の上が虎口㋒に至るルートにあたる。写真ではわかりにくいが、奥にも石垣が残るほか、崩落した石材が石垣の下に散乱している。

写真 22　芥川城　曲輪⑰（通称出丸）の石垣

地山の粗割石を使って垂直に積み上げている。写真には見えないが、石材の背面には栗石がある。

構造になっているのである。大手道防御の最大の関門と評価できよう。

芥川城の当初の登城ルートは谷筋を登り、石垣の上段の曲輪で左に折れて、スロープを登りつめる。すると、その正面の郭⑩にも石垣が積まれている。さらに石垣に沿って右に折れて虎口㋒に至ると考えられる。

虎口㋒付近は竹林によって著しく破壊されており、従来、まったく虎口とは想定されていなかったが、石垣を積んでいることからすれば、虎口の可能性は高くなる。とはいえ、竹林によって破壊されているため、地表面だけで判断するのは慎重にならざるを得ない。

大手谷筋や郭⑰などに築かれた石垣は、地山で採れる自然石の粗割石であり、石材に加工をほどこさずにほぼ垂直に積み上げている。石垣を安定させるための栗石が採用されていることから石垣の構築時期は、長慶段階の天文二十二年（一五五三）～永禄三年（一五六〇）、さらに永禄十一年（一五六八）に織田信長の侵攻をうけ、信長によって和田惟政《これまさ》が入城した頃までの時期幅におさまるだろう。和田段階は部分的な改修であろうが、いずれにしろ安土城以前であることはまちがいない。永禄三年に長慶が築く飯盛城に類似する石垣が認められるため、芥川城の石垣も長慶段階の可能性を考えておくべきだろう。

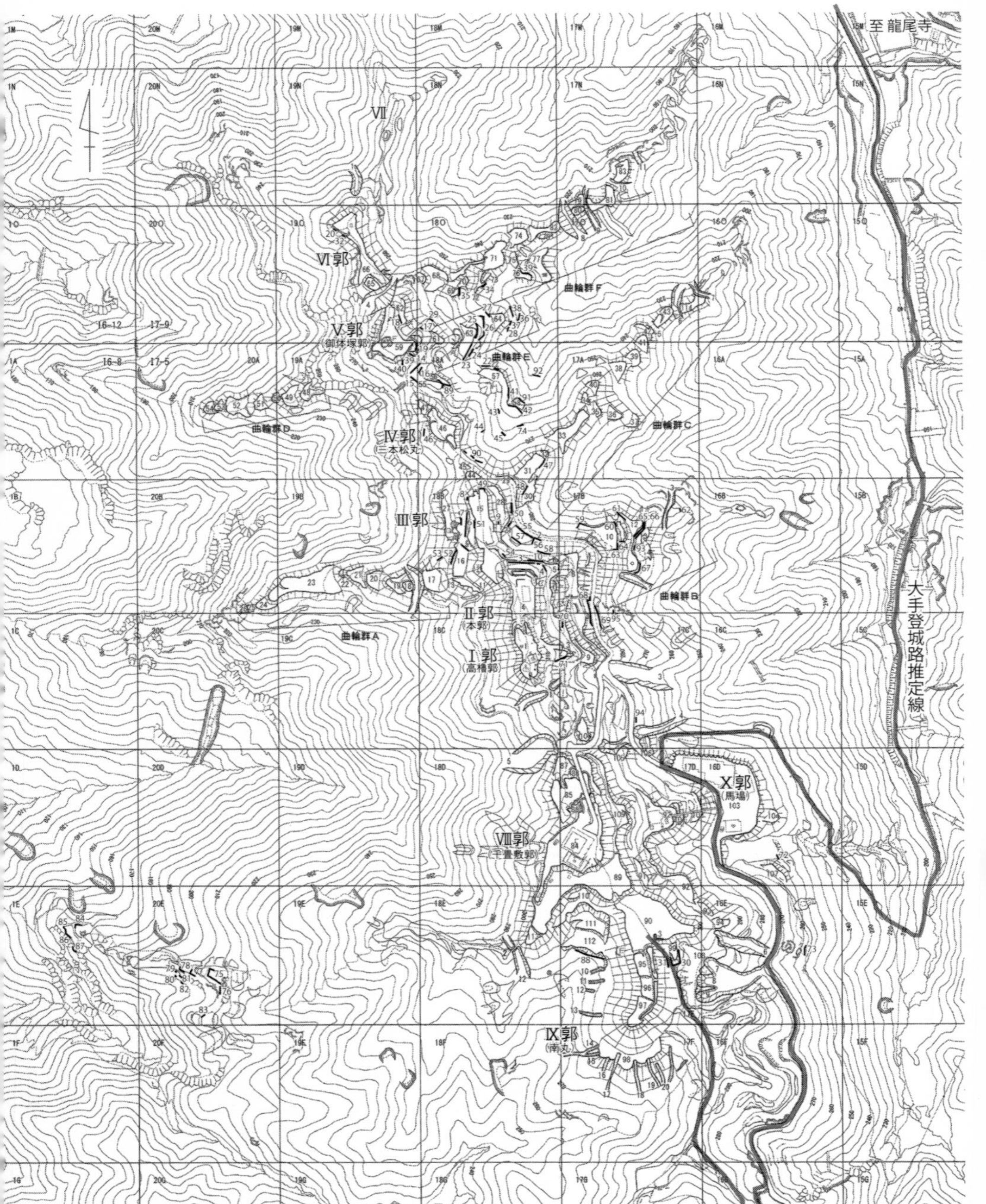

第 15 図　飯盛城概要図　主な石垣（太線）位置図
（大東市教委・四條畷市教委 2020 に加筆）

写真23　飯盛城の石垣　No.14石垣の検出状況。

(2) **飯盛城**（大東市・四条畷市）

永禄三年（一五六〇）に長慶は河内飯盛城に移る。飯盛城では従来から石垣は確認されていたが、近年の分布調査によって、ほぼ城域全面、特に東側斜面の諸曲輪に石垣の築かれていたことが明らかとなった（第15図）。芥川城では、城域全体ではなく部分的に用いられた石垣であったが、飯盛城ではほぼ全域で石垣を用いているのだ。長慶の段階で城域全体を石垣造りの城にした歴史的な意義は大きい。

飯盛城の石垣構築の技法には、次のような特徴がある。

①基本的に自然石もしくは粗割石が石材に用いられている。さらに粗割石は露頭する花崗岩の摂理を利用して割り採ったものと考えられる（写真23）。

②地業はほとんどなされず、基底部の石を地上に据えて石材を積み上げる。

③石材は控えに対して小口部分に大きい面をそろえる。

④垂直に近く積み上げるが、70〜80度の勾配をもつ石垣もある。

⑤築石部の崩落を防ぐために意識的に出隅を設けて石垣を構築しているが、方形石材を意識的に用いるものの算木積みにはならない（写真24）。

写真24　飯盛城石垣の出隅部分

⑥安土城のような高さ4㍍を超える石垣はないものの、高さ約2㍍を測る石垣はある。さらに高く築くところでは、犬走りを設けて段築としている（写真25）。ただその段築も現場合わせでおこなった極めてアバウトなものである。
⑦裏込めの栗石が認められる石垣が一部認められる。
⑧顎止め技法を採用した石垣が一部認められる。
⑨崩落箇所も随所に見られるが、築城当初は城の東面全域に石垣が築かれていた可能性が高い。

石垣が城域の東側に集中しているのは、登城道との関係があると考えている。現在、飯盛城の登城道は北側の四條畷《しじょうなわて》神社からの急坂を登るルートと、南側の野崎観音からのルートが利用されているが、北側の尾根道はかなりの急斜面で当初の城道であったとは考えにくい。また城域の南側には南の丸直下に虎口部分の石垣が残り（写真26）、南側に城門があったのはまちがいないにしても、野崎口から南の丸までは距離があまりに長く、大手とは考えられない。

では飯盛城の大手はどこに設定されていたのか。飯盛山の東側をみると、山の北端の御机《みつくえ》神社と龍尾寺《りゅうびじ》間の谷筋から現在の楠公寺《なんこうじ》（X郭）へ取り付くルートがある。このルートはもっとも距離が短くかつ緩やかで

写真 25　飯盛城の段築で築かれた石垣

写真 26　飯盛城虎口石垣

あり、これが大手であった可能性は高い。つまり、東面に幾重にも重なる石垣は、この大手から登城する人々に見せるための視覚的効果を狙ったものといえそうである。

飯盛城の石垣は東面だけではない。Ⅲ郭の西面には二段にわたる段築の石垣が残り、Ⅵ郭（三本松丸）の西面にも石垣が認められる。こうした西面の石垣は、河内平野から見上げたときの視覚効果を狙ったものであろう。

5　織田信長の城と石垣

(1) 小牧山城

さて安土築城以前の石垣遺構として、信長の居城の石垣も見ておかねばならない。織田信長の築城については、天正四年（一五七六）の安土築城によって石垣が導入されたと考えられていたが、近年の発掘調査によって永禄六年（一五六三）に清須城から居城を移した小牧山城、さらに永禄十年（一五六七）築城の岐阜城でも石垣を用いていたことが明らかにされた。信長は自らが築いた城郭には当初から石垣による築城を意図していたわけである。

小牧山城は、永禄六年築城から同十年の岐阜城移転までの信長段階と、天正十二年（一五八四）の小牧・長久手の戦いで徳川家康の陣所になった徳川段階に大きく分けられるが、発掘調査の結果、徳川段階は部分的な改修であったこと、検出された石垣や城郭の基本的な縄張りは、信長段階の構築である可能性が高まった［小野二〇一二］。

小牧山城の縄張りは、主郭地区・西側曲輪地区・大手曲輪地区・西側谷地区・帯曲輪地区の五地区に分かれるが、石垣が築かれているのは主郭地区である（第16図）。主郭の発掘調査によると、主郭の出入口（大手・搦手）、大手の巨石、新

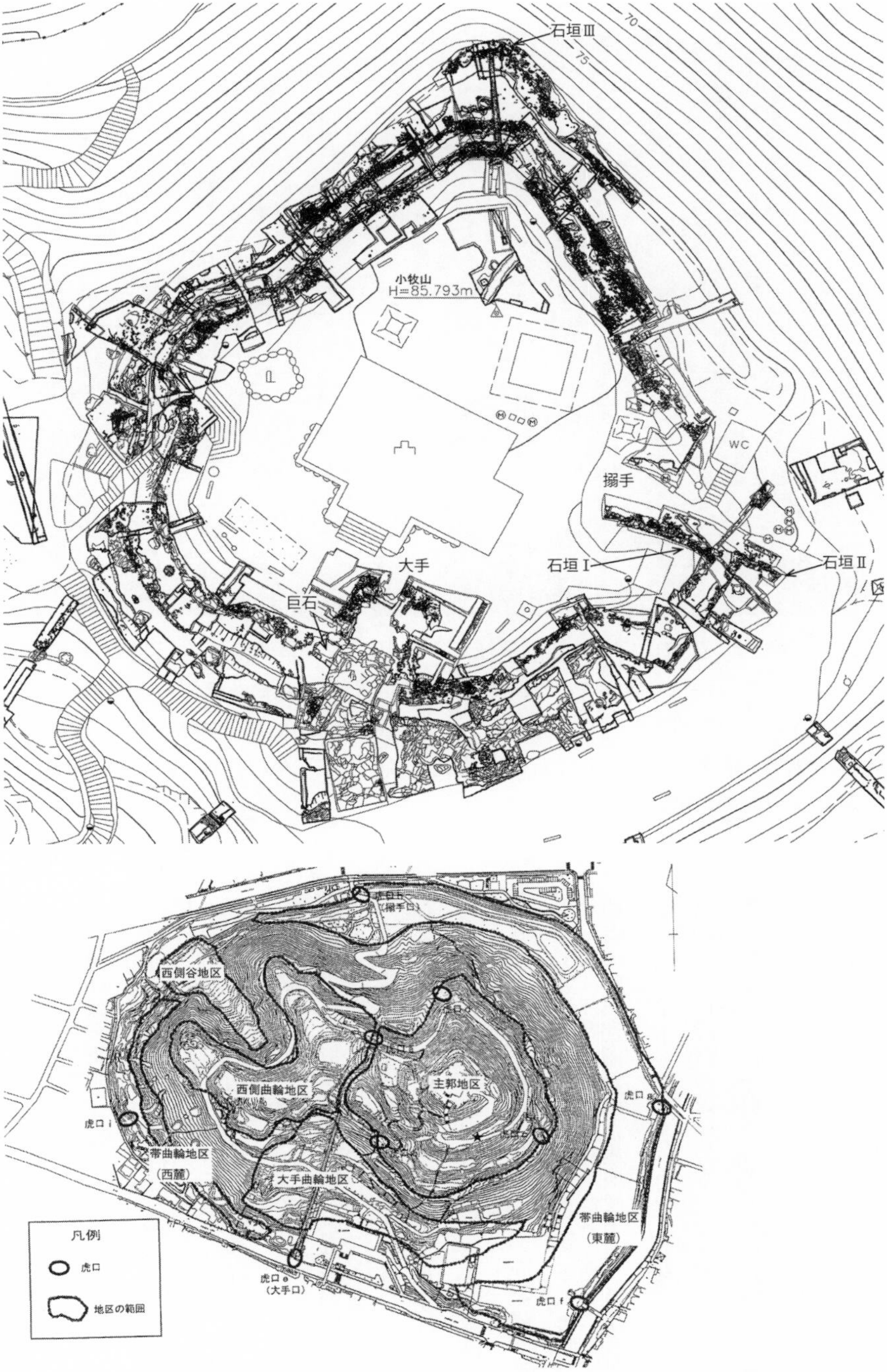

第 16 図　小牧山城の概要図と主郭石垣平面図・推定ライン（小野 2021）

写真27　小牧山城の石垣　永禄6年〜10年（1563-1567）（小野2021）
主郭まわりの斜面で検出された段積みの石垣。石垣Ⅰは巨石を用い、間詰石で安定させながら石のツラをそろえようとする意図がみえる。中段は裏込石の検出状況で、最下段の石垣Ⅱは石の表面をきれいにそろえた石列がならぶ。その脇は玉石敷きの化粧を施した通路。

旧二時期の大手登城路、玉石敷き通路などのほか、主郭下の斜面に上下二〜三段の段築による石垣をめぐらせていたことなどが明らかになった（山頂から石垣Ⅰ、Ⅱ、Ⅲと呼称）。

小野友記子さんの指摘を踏まえて整理すると、次のような特徴があげられる［小野二〇二一］。

①石材は小牧山で採れる堆積岩と砂岩が中心。山中には岩盤の露出している箇所がいくつもあり、ここから主郭部に運んだものと推定される。

②大手の巨石は、小牧山から北東に4キロ弱ほど離れた岩崎山（小牧市大字岩崎）の花崗岩が搬入されている。岩崎山は小牧・長久手の合戦で豊臣方の陣所が置かれた場所であり、徳川段階に岩崎山から花崗岩を搬入するのは考えにくい。巨石は信長段階の構築と想定できる。

③積み方は自然石か粗割石による野面積みであるが、間詰石を入れて表面を整えようとする工夫が認められる。

写真 28　小牧山城主郭の石垣Ⅰ検出状況

写真 29　主郭大手の巨石

慶長期の名古屋城築城で巨石は半截されて運び出された。現状は横倒し。

④石垣の高さは2．5～3．8㍍をはかり、約70度の勾配をもつ。垂直には立ち上がらない。

⑤矢穴技法による石材の加工痕は認められない。

⑥栗石による裏込めが認められる。厚さ70㌢程度の裏込石層は拳大の角礫を用いる。

石垣は主郭に限定的に使用されているが、複数段の石垣が築かれているため、山下から見上げれば、ひとつづきの石垣にみえたであろう。小野友記子さんは、小牧山城の間詰石で整えられた石垣や巨石の使用は、「織豊系城郭が志向した権力の象徴としての「見せる城」への出発点と言えるのかもしれない」と指摘している。

小牧山城の主郭では瓦や礎石建物が確認できていないが、主郭より三段下の曲輪（第16図下★印）では礎石建物と玉石敷通路が見つかっているので、今後の調査で主郭から確認される可能性はある。いまのところ小牧山城の調査成果は、岐阜城・安土城への過渡的な様相を示すものとする小野さんの評価にしたがいたい。

(2) 岐阜城

永禄十年（一五六七）に築城された岐阜城でも、信長段階の構築と考えられる巨石を配列した石垣が検出されている。金華山《きんかざん》の西山麓にある千畳敷《せんじょうじき》という小

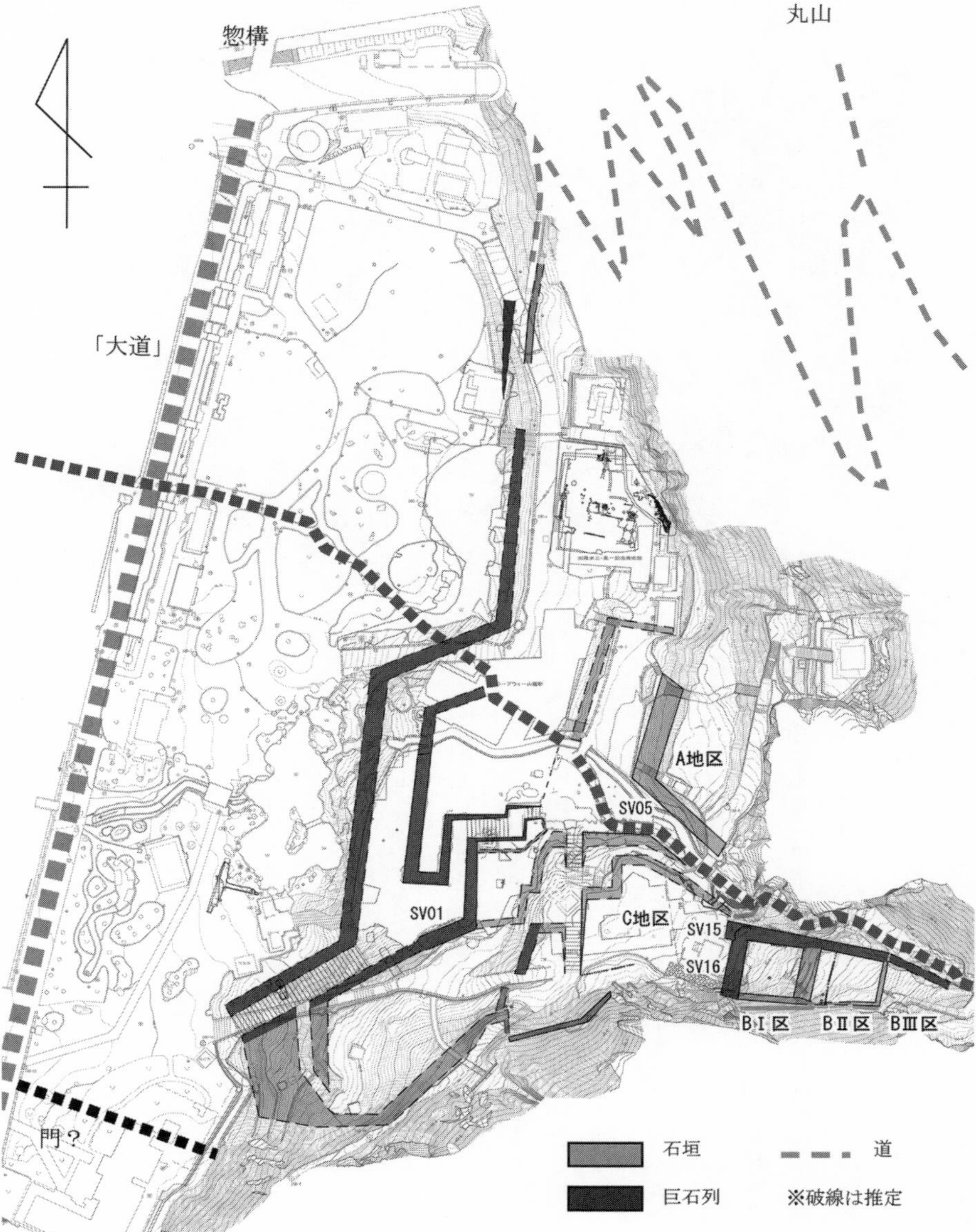

第 17 図　岐阜城山麓居館地形復元図（内堀 2014）
千畳敷の小字をもつ信長の山麓居館跡。巨石列の虎口はＢ区にある。Ａ地区より西側の巨石列も含めて居館の推定地。庭園跡も確認されている。

写真30　岐阜城千畳敷の石垣

根石を据えた上に大きな石材で石垣を積み上げている（D1タイプ）。

字地名をもつ場所で発掘調査が実施され、信長居館跡と推定されている（第17図）。

検出された石垣は構築技法から四タイプに分類されている（第18図）。

A・Bタイプは裏込めの栗石をもたない。

Cタイプは栗石を伴うもの。

Dタイプは明瞭な基礎造成をおこなうもの。D1は根石を据えて石垣を積み上げ、D2は石垣直下に溝を掘り、その中に角礫《かくれき》を充填し、上面を整えた後、石垣を積み上げるもの。

さらに虎口部分では、巨石を一列に配し、石塀状としている遺構が検出されている。2～3㍍の巨石を用いており、基礎の築き方が根石を並べるものと、穴を掘り巨石の下部を埋め置く二つのタイプがある。これらは巨石上面のレベルを一定にする必要から生じた基礎部分の高低差を調節するための工法と考えられる。

また裏込めについては断面三角形を呈するものと、断面逆梯形を呈する二タイプがある。前者は巨石列一段を築くもので、後者は巨石列の上段にさらに石が積まれていたと考えられる。

この巨石列は西山光照寺SV4422・4423と同様、正面

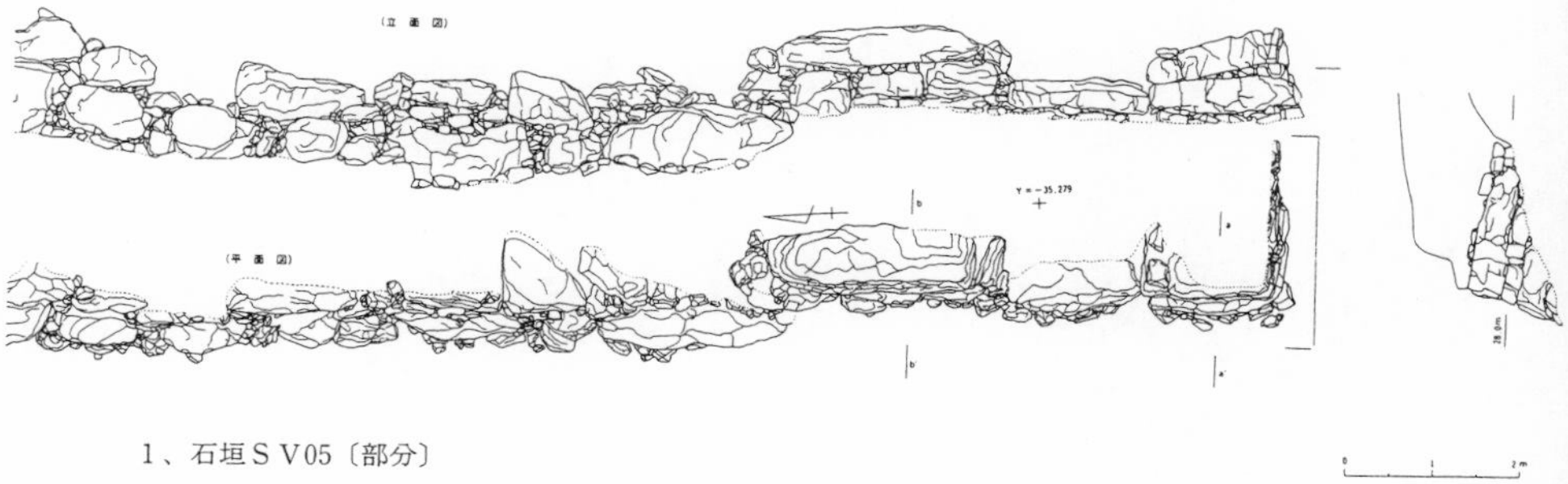

1、石垣ＳＶ05〔部分〕

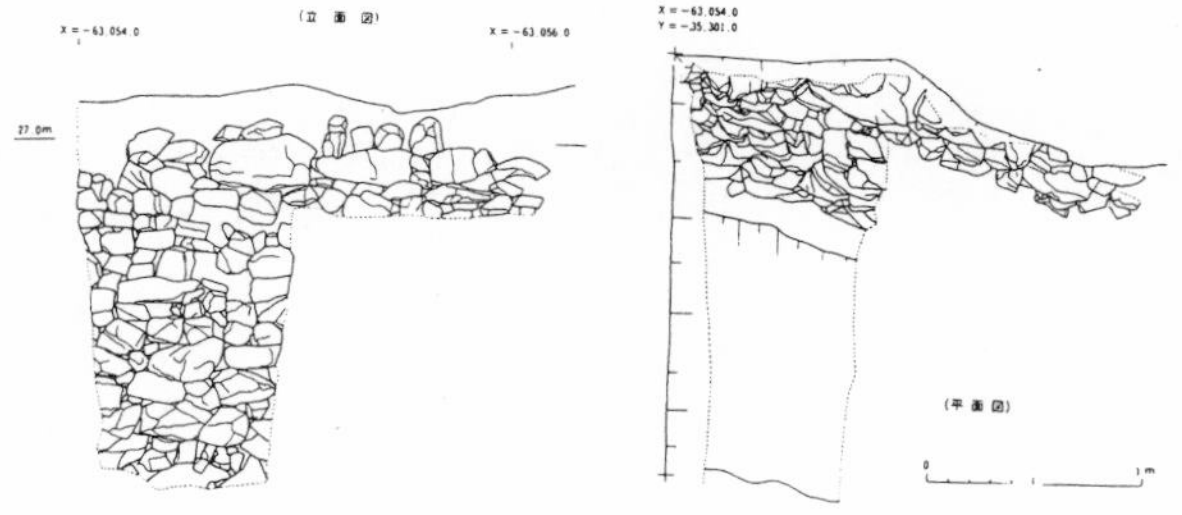

2、巨石列ＳＶ01実測図〔部分〕

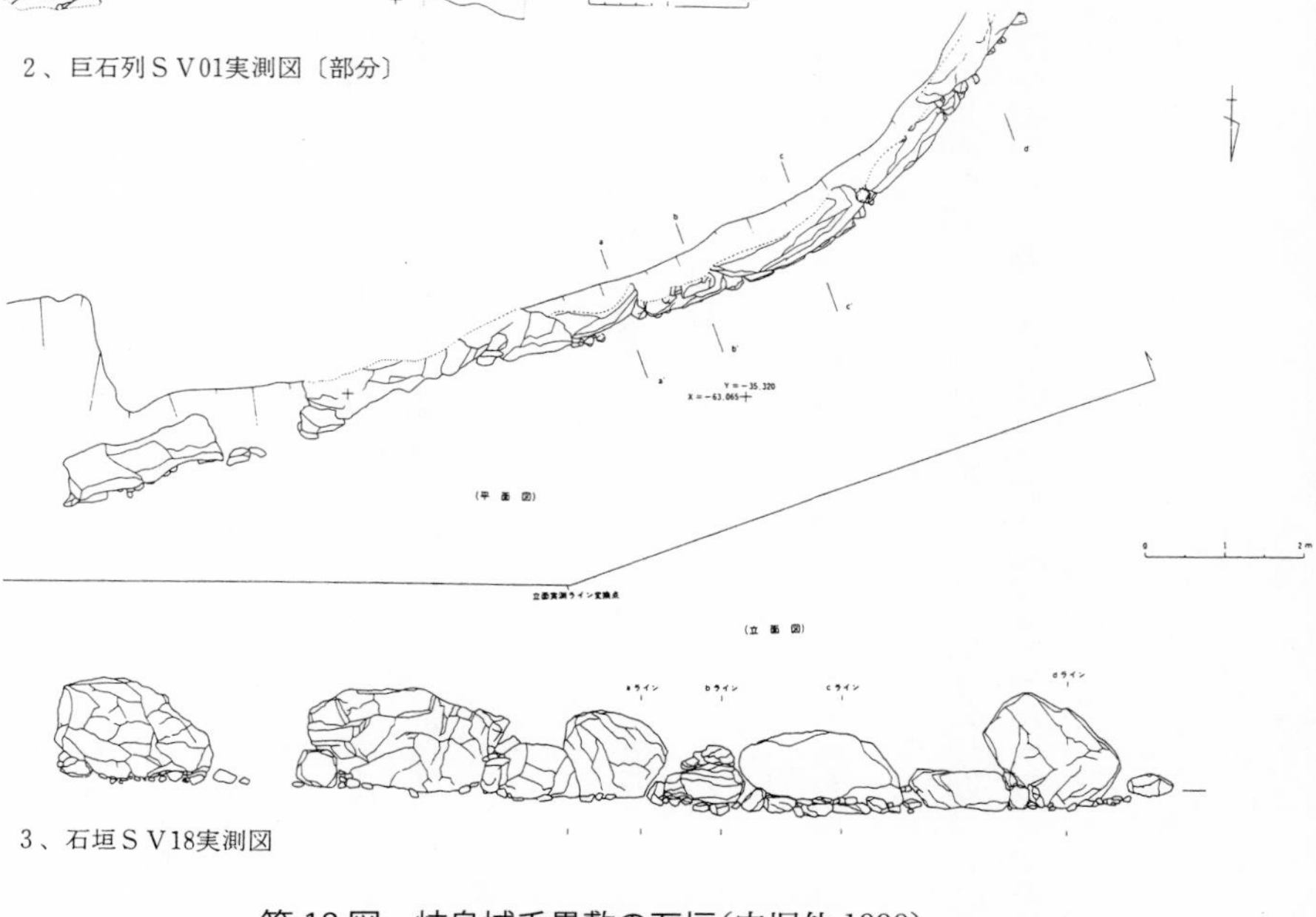

3、石垣ＳＶ18実測図

第 18 図　岐阜城千畳敷の石垣(内堀他 1990)

性を持たせようとする意図があったようである。信長居館の正面虎口にこの巨石列が検出されたのは多分に見せるという意図が働いていた結果にほかならない。

さて、こうした石垣、巨石列は第Ⅱ遺構面から検出されている。第Ⅱ遺構面は永禄十年に織田信長によって開始されたと推定されており、信長による築城遺構と考えられる。

ところでこの第Ⅱ遺構面より下層の第Ⅲ遺構面ではＳＶ18石垣が検出されている。石垣は1．7㍍の高さを測り、一四～一五段積まれていた。石材は縦8～26㌢、横8～49㌢と小さい。積み方も横方向に水平に目地を通そうという意図はみえない。傾斜角は69～70度を測る。

さらに下層の第Ⅳ遺構面からは残存高0．5㍍を測る石垣ＳＶ21が検出されている。ＳＶ18同様、比較的小さな石を乱雑に積んでいる。

第Ⅲ遺構面は斎藤道三段階のもので、その廃絶が永禄十年と考えられることから、第Ⅲ遺構面、第Ⅳ遺構面で検出された石垣は織田信長築城以前の石垣と見られる［内堀他 一九九〇］。

岐阜城では山城部分（第19図）でも分布調査によって井戸曲輪の周囲に自然石を用いた石垣が二段の段築によって築かれていることも明らかとなった。その積み上げ角度は垂直に近い（写真31）。

このように岐阜城では、小牧山城段階からの巨石列と、小石材を用いて垂直に

写真 31　岐阜城山上部の石垣

現況は高さ約4メートル。横長の石材を横位にしてほぼ垂直に積み上げている。

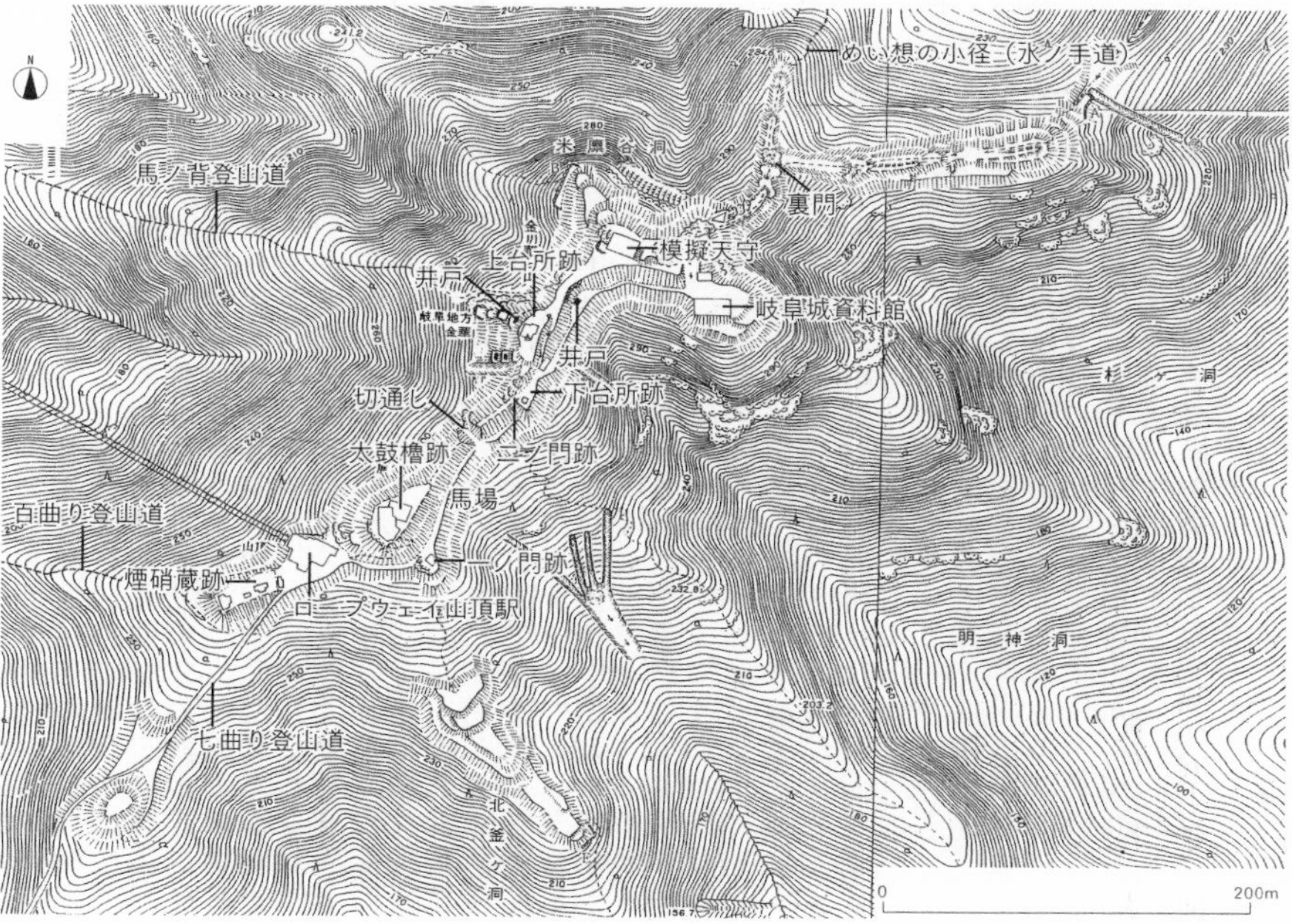

第 19 図　岐阜城の山城部分概要（中井 2013）

模擬天守と上台所跡を結ぶルート沿いの斜面の縁に写真 31 の石垣が残る。

写真32　安土城の勾配のある石垣

岐阜城の山上部石垣と見比べると、傾斜角度が異なるのがよくわかる。横長の石材だけでなく、略方形の石材も安土城では利用されている。

積むという二種の石垣が併存し、用途によって使い分けられていたようである。

しかし、安土城では巨石列が用いられなくなる。ただし、黒金門や二の丸には鏡石として巨石が配置されている。こうした巨石利用は小牧山城や岐阜城の巨石列の系譜を引き継ぐものであるのかもしれない。しかし、大部分の石垣は巨石を用いなくなり、小石材による石垣となる。

さらに注目されるのは積み上げの角度である。それまでほぼ垂直に積み上げられていた石垣に勾配が誕生したのである。その角度は60度程度であるが、それまでの石垣とはこの勾配の出現により一線を画すものとなった。おそらく石垣直上に分厚い壁と瓦を葺く建物を配置するために、垂直に積まれた石垣では対応できないために勾配が出現したものと考えられる（写真32）。

(3) 旧二条城（京都市）

永禄十二年（一五六九）、将軍足利義昭《よしあき》の京都における居城として信長は二条の御構を築城した。昭和五十年、地下鉄烏丸

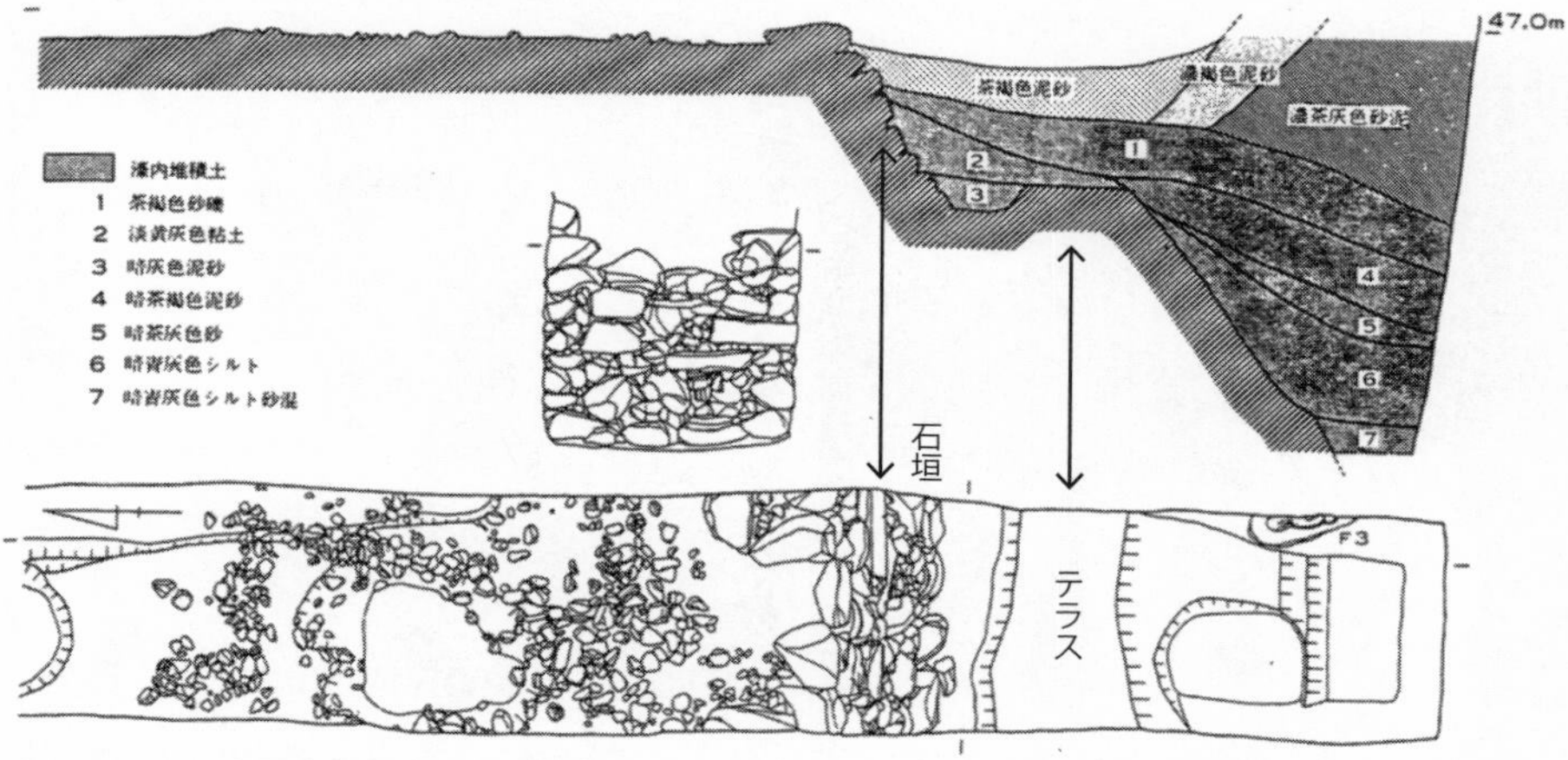

1. 南面内堀石垣

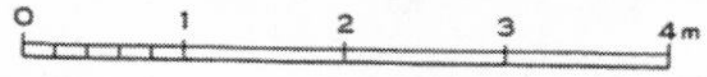

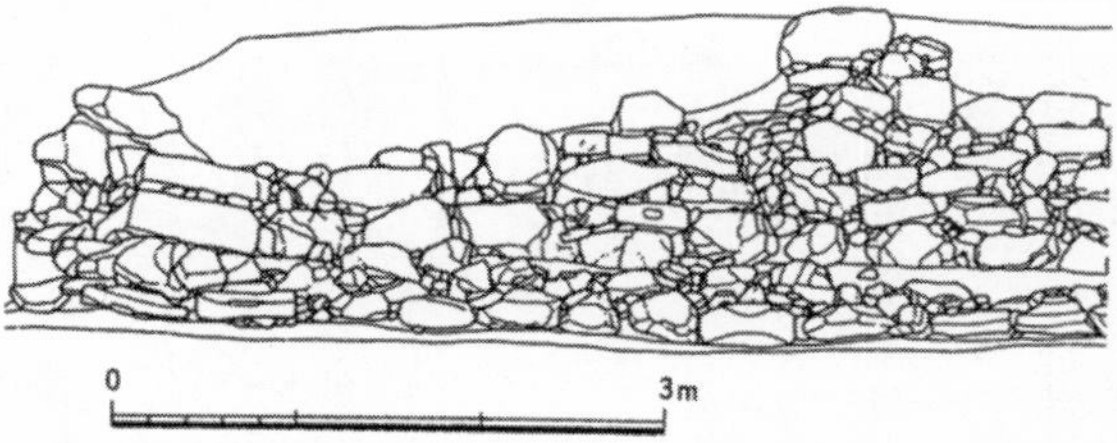

2. 北面内堀石垣

第20図　二条城の石垣（1. 京都市高速鉄道烏丸線 1975, 2. 玉村 1996）

線建設に伴う発掘調査でその一端が明らかとなった。その結果、信長の二条城は内堀と外堀に囲まれた構造であることが判明した。内堀については堀の両側で石垣が構築されていた（第20図）。

その特徴は堀の法面を二段にし、その上段部に石垣を築いている。下段は素掘りで、石垣の前面に若干の犬走り状のテラスを残す。石材には多量の転用材が用いられていた。基本的には横位に配しているが縦位のものも認められる。残存高は7段で、1.7㍍を残していた。外堀は城内側が石垣で城外側は素掘りであった［京都市高速鉄道烏丸線内遺跡調査会 一九七五・一九七九～八一、京都市埋文他 一九九二、玉村 一九九六］。

(4) **勝龍寺城**（京都府長岡京市）

元《げん》亀《き》二年（一五七一）、細川藤孝《ふじたか》は勝《しょう》

龍寺《りゅうじ》城の改修にとりかかり、信長より普請人夫を使役する許可を受けている。同四年七月に藤孝は信長から「桂川を限る西の地」の一職《いちしき》支配を任され（全権を委任すること）、勝龍寺城はその領国支配の中心となったのである。一九八八年の調査で検出された石垣は出土した瓦などの年代により、この元亀二年段階に改修された時期の構築と考えられる。

信長の許可を受けている点や、出土瓦が明智光秀《みつひで》の坂本《さかもと》城の瓦と同笵《どうはん》（瓦をかたどる元版が同じ）である点などから勝龍寺城は信長の技術的援助を得て改修されたと見られ、安土築城以前の信長の築城を考えるうえで、大いに参考となる城である。[※8]

本丸北門（Jトレンチ）は枡形となり、残存高1．8㍍を測る見事な高石垣が検出された（第21図）。石材を横位に配し、各段ごとに水平を保とうとしている。五輪塔などの転用石も多く含んでいる。裏込めの栗石は幅1．2㍍の厚さにおよんでいた。石垣面の傾斜は77～80度を測る。

本丸東北隅部（Dトレンチ）では櫓台の城内側の石垣が残存高2～3㍍で検出された。北門に比べて石材は小さく、方形に近いものが多かったが、長方形の石材については横位に配している。栗石が幅2．5㍍にわたって検出されたが、これは上部に建つ建物（櫓）の基礎であるためと考えられる。石材が小さいのは城内側であることを考慮する必要があろう。

※8　勝龍寺城と坂本城および小丸城から出土している瓦の同笵関係については土山公仁さんが明らかにされている［土山 一九九〇］。

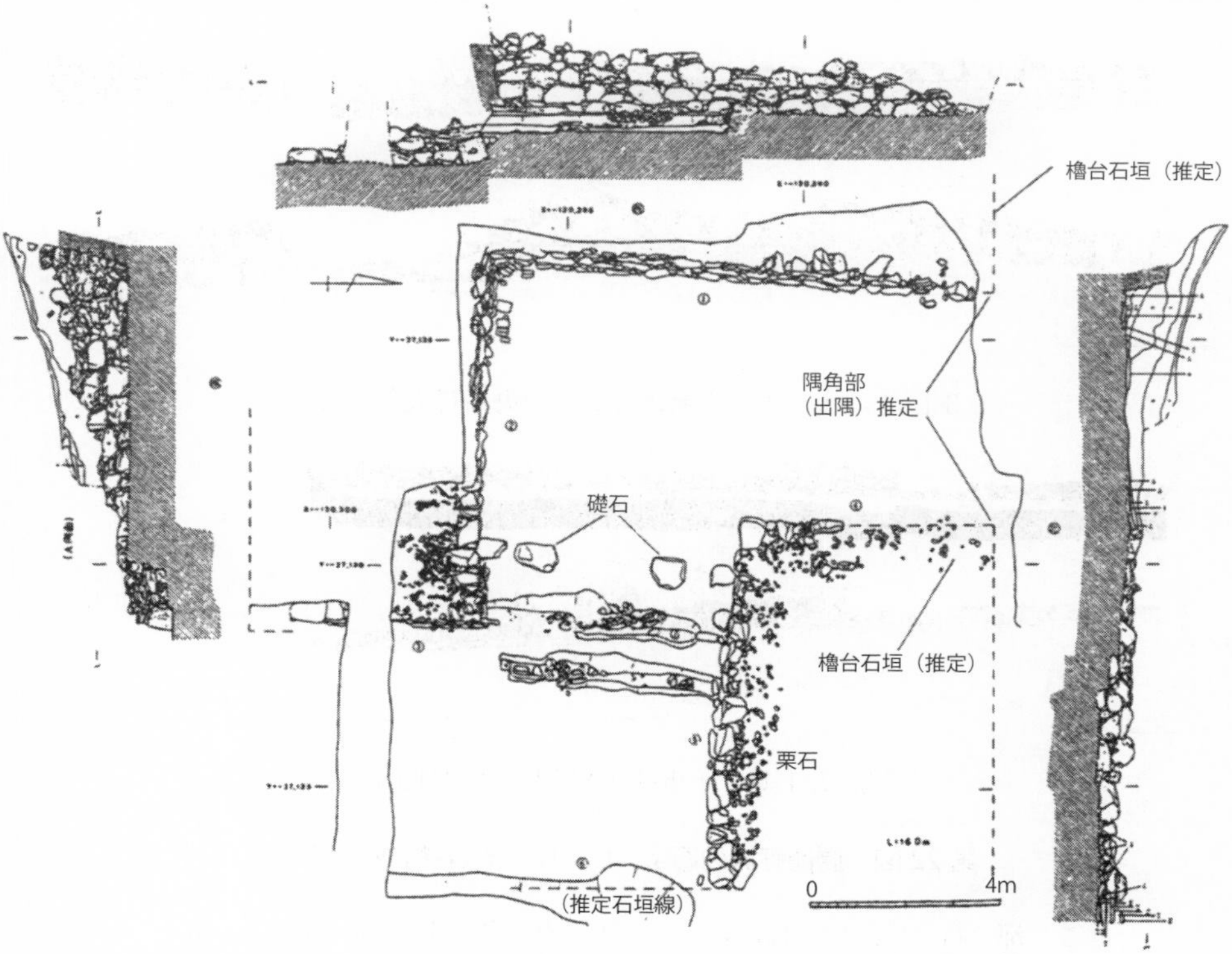

1. 本丸北門(J トレンチ)石垣実測図

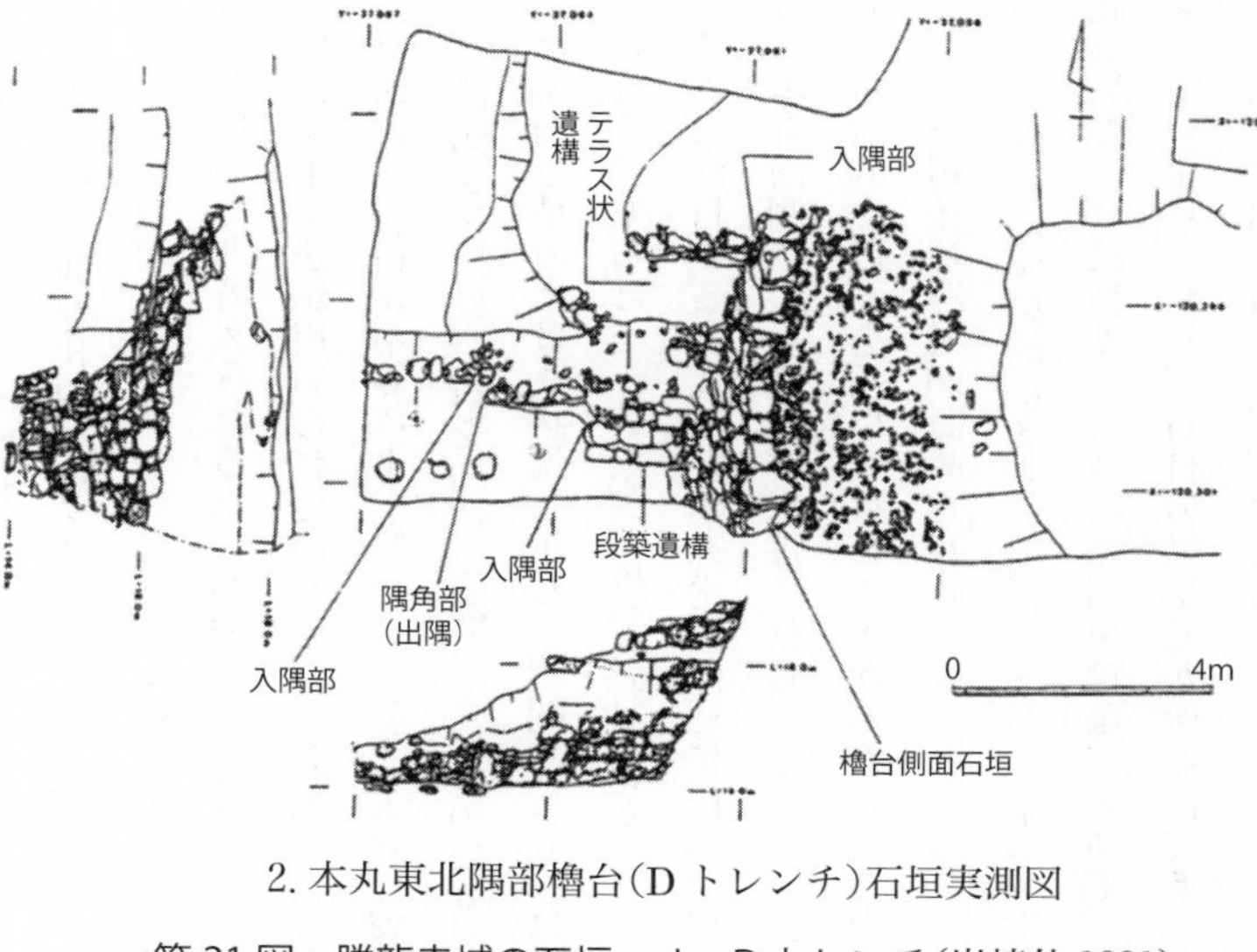

2. 本丸東北隅部櫓台(D トレンチ)石垣実測図

第 21 図　勝龍寺城の石垣　J・D トレンチ(岩崎他 1991)

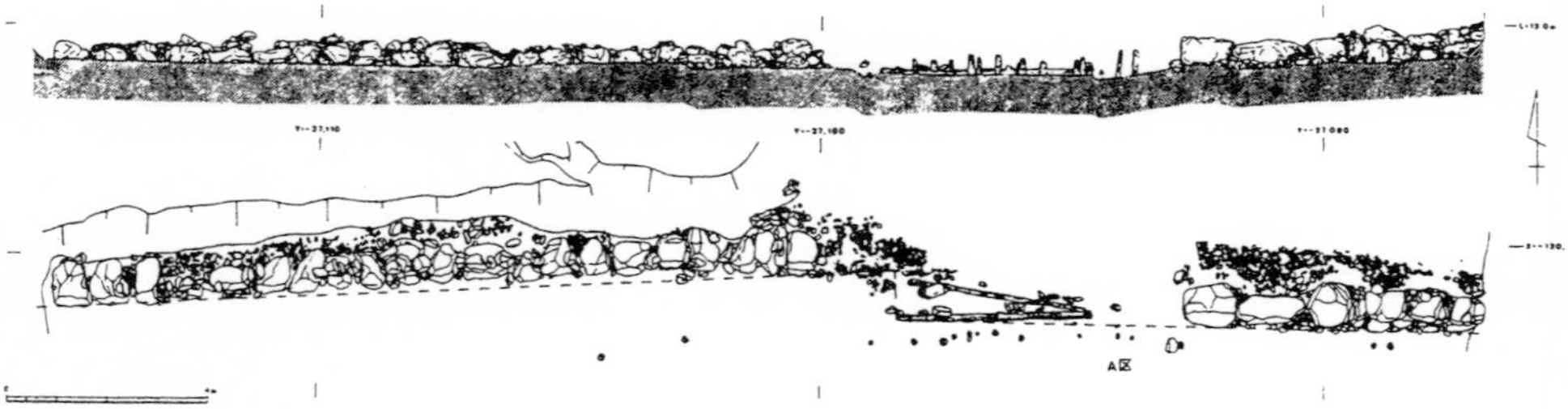

3-1. Lトレンチ西部(SX273)・中央部石垣実測図

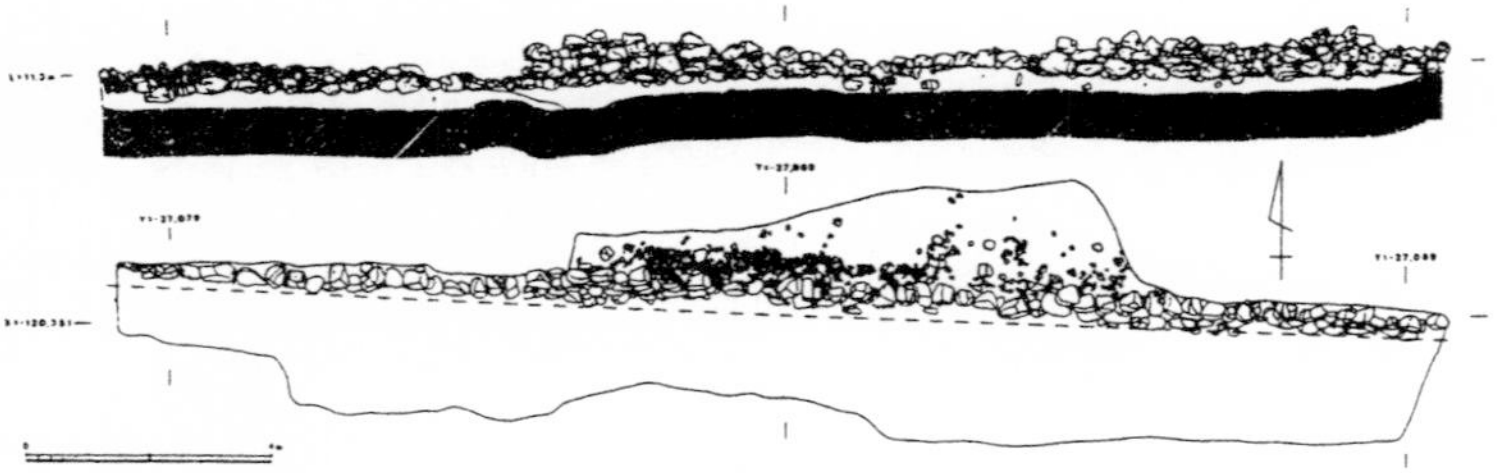

3-2. Lトレンチ東部(SX274)石垣実測図

第22図　勝龍寺城の石垣　Lトレンチ(岩崎他 1991)

本丸南面石垣（Lトレンチ）では内堀の城内側法面で石垣が検出された（第22図）。残存状況は悪く、一段分しか残されていなかった。ただ内堀が水堀であったため、この石垣を構築するために胴木《どうぎ》を用いたと考えられる木材が検出されており、この時期にすでに胴木工法が用いられていたことが判明した（胴木工法は軟弱な地盤で石垣が不等沈下を起こさないよう木材で安定させる工法）。西側SX273は巨石を横位に配しているのに対し、東側SX274は小石を積み上げた状況を示し、時間差もしくは工法差が認められる。栗石は1.6㍍幅で込められていた。

石材の大きさに注目すると北門と本丸南側西辺に巨石が用いられている。本丸南側西辺も門跡が想定されることから、いずれも門部分に意識的に巨石を用いていたことがわかる。それらには最大で1㍍を超える石材が認められる。

石材の材質は砂岩が圧倒的に多く、次いでチャートであり、石灰岩、花崗岩がこれに続く。こうした石材は藤孝の所領、京都西山にすべて分布しており、石材の供給元が所領内であったことを示しており注目される［岩崎他 一九九一］。

6 考察

さて、近年の調査で検出された安土築城以前の石垣についてみてきた。ここでそれらについて若干の考察を加えてみたい。

安土城は全山ほぼ高石垣によって構成されているが、これは以前から穴太衆による構築といわれていた。しかし穴太に関する文献で最も古いものは長享二年（一四八八）であっても、[※9]安土と穴太を結びつける資料は江戸時代のものしか存在しない。こうした穴太が安土城で初めて手がけた石垣としてはあまりにも完成されており、むしろ安土城以前に成立していた石垣の技術が導入されたと見るほうが納得できよう。そうした意味から今回見てきた石垣の事例は安土築城に多大な影響を与えたといえよう。

最も注目すべき点は中世の巨大な寺院に多く検出されている点である。こうした巨大な寺院には普請、作事をはじめ五輪塔、石仏など広範囲に石を加工する技術が必要であった。[※10]そうした寺では自ら職人集団を形成していったと考えられる。寺側のもつ技術が大きく築城に関与していたのである。

たとえば越前の場合、白山平泉寺の技術が朝倉氏へもち込まれたと考えられるであろう。近江では金剛輪寺の技術が六角氏の観音寺築城に大きく関わっていた

※9 『山科家礼記』に東山殿（足利義政）の石蔵用の木材に関わる幕府からの奉書がもたらされ、「あのうのもの」が山科邸にやってきたとある。『山科家礼記』は、一五世紀の山科家の雑掌によって記された山科家の動静、家職、財政、所領経営などの記録である。

※10 安土城の石垣について穴太が手がけたとされる唯一の根拠である江戸時代に成立した『明良洪範』にも「古より石の五輪を切出し、（略）後には五輪を止めて石垣築のみを業としける、」とある。

写真 32　吉川元春館跡の石垣

のである。

安芸の吉川《きっかわ》氏領には「石つき之もの共」という集団がおり、戦国時代後半に極めて特徴的な石垣を築いている［木村 一九九二］。木村信幸さんによると、その特徴は、

①石の最も広い面を表面に出して立てた石を、適当な間隔をあけて配置している。

②立石の奥行きはあまりない。

③立石と立石の間には、石の広い面が上下に重なり、最も狭い面が隣り合うように、石を横積みしている。

と指摘されている。

万徳院《まんとくいん》（北広島町）や吉川元春《もとはる》館（北広島町）などの中世寺院や平地居館に見られるが、小早川《こばやかわ》氏の居城である新高山《にいたかやま》城の石垣にも認められる。

年欠十二月五日付け吉川広家《ひろいえ》書状に、

堀川普請無緩申付、過半相調之由肝要候、弥肝煎専一候、各辛労之通可申聞候、

一、厳島石垣事、年内御分別候様、奉行衆へ可申分候、寒中と申、打続候て成間敷存候間、石つき之もの共可下之由申付候へ共、先々相延候、能々可申分事専要迄候、渡飛（渡辺長）、児若（児玉元兼）へ如此申遣候、謹言、

写真 33　新高山城の石垣　16 世紀後半

十二月五日　　（花押）（吉川広家）

祖九（祖式長好）
森四兵（森脇春貞）
二神左（二宮）

とあり、厳島《いつくしま》の石垣について、「石つき之もの共」を厳島に下るよう命じていたものを延期したことがわかる。

この「石つき之もの共」は吉川氏（広くは毛利氏）が抱えていた石工集団であった可能性が高い。書状の年代は広島築城と合わせて考えると、天正十九年（一五九一）のものと見てよい。天正十九年であればすでに毛利氏は豊臣大名となっており、豊臣秀吉の築城した城郭にも多く接しているはずであり、安土城に先行する石垣ではない。ところが、同じ積み方の万徳院の石垣が天正三年（一五七五）に完成していることより、少なくとも「石つき之もの共」という石工集団の存在は、天正三年まではさかのぼらせることが可能であり、それは毛利氏独自の石工として捉えることができる。

白山平泉寺・慈照寺・根来寺・金剛輪寺などの中世寺院には石垣を積む職能集団がおり、観音寺城の石垣のように寺院の技術を用いた城郭石垣では矢穴技法によって石を割る技術が用いられていた。それに対して、安芸の「石つき之もの共」の石垣石材では、矢穴技法が認められない。このちがいは決して時間差を示すものではなく、それぞれの工人の技術差であったと考えられる。たとえば、白山平泉寺の採石技術が一乗谷に導入され、その結果、一乗谷朝倉氏遺跡では矢穴のある石が認められるのである。

このように見てみると十六世紀中頃には、越前・近江・京都・紀州・安芸で独自の石垣を構築できる職能集団が形成されつつあったことは明らかであろう。現在、小牧山城・岐阜城の石垣がどのような職能集団によって構築されたのか不明であるが、他地域の状況から推定するならば、やはり白山平泉寺や一乗谷という越前からの技術を導入したと見るのが最も妥当ではないだろうか。

次に各地の石垣の特徴を見てみよう。

越前では、

1、矢穴技法による割石が少量ではあるが認められる。
2、石塀状に巨石を配する技術が認められる。
3、石材を横位に配するが、隅角部には立石が認められる。
4、基本的には勾配に反りがなく直線的であり、垂直に立ち上がる。
5、裏込めの栗石は認められない。

といった点があげられる。もちろん基本形態であり、例外がないわけではない。この点は以下の地域でも同様である。

近江では、

1、矢穴技法による割石が使用されている。
2、石材を横位に積み上げ、一段ごとに目地を通そうとしている。
3、隅角部を算木積み状にし、巨石を用いる。
4、勾配に反りがなく直線的であり、垂直に立ち上がる。
5、観音寺城では栗石が認められるが、小谷城・鎌刃城・慈恩寺・金剛寺遺跡では栗石は認められない。

京都では、
1、矢穴技法による割石の含有率が最も高い。
2、石材を横位に配し、一段ごとに水平に目地を通そうとしている。
3、勾配に反りがなく直線的であり、垂直に立ち上がる。
4、栗石は認められない。

紀州では（根来寺SV20・21）、
1、矢穴技法による割石を用いない。
2、基底部の石材は横位に水平に配し、それ以上は小石を乱雑に積む。
3、勾配に反りがなく直線的であり、垂直に立ち上がる。
4、栗石は認められない。

これに年代はどこまでさかのぼるかは不明であるが、安芸の「石つき之もの共」の特徴をつけ加えると、

1、矢穴技法による割石を用いない。
2、立石を等間隔に配し、その間に石材を横位に配する。
3、勾配に反りがなく直線的であり、垂直に立ち上がる。
4、栗石は認められない。

といった点を列記することができる［木村 一九九二］。それぞれの地域で独自に発達しており、全てが共通するものではない。あえて十五世紀から十六世紀前半の石垣で全国的に共通する特徴を抽出するならば、勾配の点が一致する。

安土城以前の三好長慶が築いた芥川・飯盛両城では、

1、矢穴技法による割石を用いない。
2、粗割石の石材を横位に積み上げる。一段ごとに目地を通そうとしている。
3、隅角部に方形の立石を置くが、算木積みにはならない。
4、垂直に近く直線的に積み上げるが、70〜80度の勾配をもつ石垣がある。
5、裏込めの栗石が認められる。

戦国時代の石垣は、天端近くで反りもなく、勾配もほぼ垂直である。しかしこの角度ではおのずと高さにも限界が生じてくる。慈照寺で控えが検出されているのは、高さを確保するための段築の結果といえよう。

安土城以前の飯盛城、信長の城でも小牧山城、岐阜城、旧二条城、勝龍寺城などでは石垣に反りは認められないが、垂直ではなくなり、70〜80度の直線上の勾配へと変化する。これは高さを確保するための工法といえよう。

栗石に関しても十五〜十六世紀の寺院の石垣からはほとんど認められない。勾配同様、栗石の採用は石垣の高さと大いに関係するものであろう。芥川城・飯盛城では一部の石垣に限られるが、小牧山城・岐阜城・旧二条城・勝龍寺城の各城跡から多量に栗石が検出されているのは、高石垣を崩落から防ぐために必要となったのである。

なお、信長段階の小牧山城・岐阜城に見られる巨石であるが、類似する石垣は越前一乗谷朝倉氏遺跡で認められる。一乗谷の詰城である一乗谷城は畝状竪堀群を有する典型的な戦国期山城で、石垣はまったく用いられていない。ところが一乗谷を限る上城戸では腰巻石垣のように巨石を立て並べていた。また、下城戸でも虎口部分に巨石を積んで石垣としていた。こうした巨石を配置する石垣は越前では白山平泉寺に残存しており、寺院のもつ技術が一乗谷に援用されたものと考えられる。

寺院の有する石垣構築の技術の集成として、小牧山・岐阜・旧二条・勝龍寺城の石垣が成立し、さらに安土城へと発展していったと考えられる。従来、安土城の石垣は、近江の技術が導入されたものとされていたが、六角氏の諸城の石垣では石材に矢穴技法が認められても、安土城ではまったく確認できない。さらに信長の居城である小牧山城・岐阜城ですでに石垣が使用されていることからすれば、安土城の石垣は近江の技術者ではなく、むしろ信長が尾張・美濃時代より使っていた工人集団が動員されたものと考えられる。

穴太ももちろん安土城の石垣普請に動員されたであろうが、指導者的立場にはなかった。むしろ、こうした各地からの動員の一部にしかすぎなかったのであり、そうした意味からも穴太積みという用語は、その概念規定を欠落しており、ふさわしくないと言えよう。

『信長公記』では、安土山普請について大工・瓦・金具・障壁画を担当した技術者、技術者集団がはっきりと明記されているのに対し、石垣に関してだけはまったく記されていない。[※11] このことはいかに石垣普請が当時まだ技術的に体系化されていなかったかを如実に示しており、穴太衆といわれる集団の単独参加でなかったことを物語っているといえよう。

最後に残した問題は、三好氏の芥川城と飯盛城の位置づけである。六角氏の観音寺城のような寺院との関わりを示す史料は残っていないものの、両城の石垣構築の技術系譜は周辺寺院との関係を探る必要があろう。両城が立地する淀川流域には興福寺・東大寺・石清水八幡宮などの権門寺院の所領が色濃く展開している。三好氏と寺社勢力との関わりは十分に考えられるだろう。三好政権を排除して室町幕府の再興をはかった織田信長の城と、三好氏の芥川城・飯盛城との関係をどのように理解したらよいのかは、今後に残された大きな課題である。

※11　『信長公記』によれば、「御絵を狩野永徳に仰付けられ」「かなくは後藤平四郎仕候」「京のたい阿弥かなくなり」「御大工岡部又右衛門」「漆師首刑部」「白金屋の御大工宮西遊左衛門」「瓦、唐人の一観に仰付られ、奈良衆焼き申すなり」とあり、天主の作事に従事した職人たちについてはおおよそ知ることができる。これに対し石垣普請については「観音寺山、長命寺山、長光寺山、伊場山、所々の大石を引下し、千・弐千・三千宛にて安土山へ上せられ候。石奉行、西尾小左衛門・小沢六郎三郎・吉田平内・大西、」とあり、石材の供給地と普請奉行を記すだけで、工人の名を見出すことはできない。

おわりに

本章では安土城をはじめ、それ以前の信長の城に出現した石垣について、その系譜を求めようとしたものであった。事例紹介に大半を費やし、考察はやや強引に寺院と結びつけてしまい、言葉たらずとなってしまった。石垣はやはり難解であった。しかしこの事例を紹介することによって本章以外の切り口を見つけて頂けることを願っている。むしろそうした研究視点へのタタキ台となれば幸いである。

石垣は織豊期以降の城郭の顔である。しかし一つの城が一つの顔ではない。数えきれないほどの顔を持っている。石材、使用場所、年代、工人などさまざまな要素によって同じ城の中でもまったく違う石垣となる。こうした要因を分類、整理することによって瓦以上に情報を提供してくれることであろう。

※初出は同題（『織豊城郭』第3号、一九九六年所収）。大幅に加筆・修正し、写真・図版を新たに追加。

★コラム 用語解説3　積み方いろいろ②

段築（だんちく：16頁参照）　石積み・石垣を高く築くための技法。4㍍程度の石積み・石垣を築いたのち、その天端（てんぱ）に通路状に作業場（犬走り）を設け、セットバックさせて石積み・石垣をさらに積み上げる。特に築くのに高さの限界があった石積みの場合に多く採られた技法。

算木積（さんぎづみ：31頁参照）　出隅部の積み方で、直方体の石材の長辺と短辺を交互に積む工法。この技法によって隅部の強度があがり崩れ難くしている。織豊期以後に多く見られる技法。

出隅（でずみ）・**入隅**（いりずみ）　日本の石垣は円形に整形しない。必ず直角もしくは直角に近い角度で角部を形成している。外側に折れる部分を出隅、内側に折れる部分を入隅と呼ぶ。戦国時代にはなく、織豊期の石垣にまま見られるが、近世の石垣が中心。

シノギ角（31頁参照）仰角に屈曲する出隅部のこと。安土城に用例がある。

谷積（たにづみ）　石材を斜めに積み上げる技法。落とし積み、矢羽根積みともいう。戦国時代にはない。近世以降の技法。

亀甲積（きっこうづみ）　六角形に整形した石材を積む技法。目地が通らないため崩れ難い。近世以降の技法。

出隅・入隅（駿府城）

谷積（岡崎城）

亀甲積（金沢城）

Ⅲ　近江の石垣と矢穴技法

岩瀬谷古墳群　矢穴石

はじめに

近江（現滋賀県域）は石造文化財の宝庫である。県内のそこかしこに石造の層《そう》塔《とう》・宝塔《ほうとう》・五輪塔《ごりんとう》・宝篋印塔《ほうきょういんとう》・石仏《せきぶつ》が点在している。国指定の重要文化財の石塔が神社の参道脇や、水田の畦畔にポツンとたたずんでいる。中世にこうした石造物を刻んだ工人たちが近江には数多く住んでいた。

近江の石の文化はこうした仏教文化にとどまらず、これまであまり関心が向けられなかったが、石垣にもおよんでいる。近世城郭では普遍的に用いられている土木施設であるが、石垣が文化財として省みられることはほとんどなかった。近年では文化財としても認識され、近世城郭の石垣修理も、ただ積み直すのではなく、構築当時の工法にのっとって修理されるようになった。

こうした城郭への石垣とつながる中世の石積みや石垣の系譜を探ってみたい。

1　穴太衆

さて、近世城郭の石垣を語るうえで、最も注目される工人集団として「穴太《あのう》衆《しゅう》」の存在がある。安土城の石垣を積んだという伝承をもつ工人集団である。この伝承の由来となったのは、『明良洪範《めいりょうこうはん》』という書物のなかに、

> 江州にあのふと《（穴太）》云所あり、其所にて古《いにしえ》より石の五輪《ごりん》を切出し、其外都《そのほかすべ》て石切《いしきり》の上手《じょうず》多く有所《あるところ》也、夫故《それゆえ》、信長公天守を建られし時、同国の事故《ことゆえ》、あのふより石工《いしく》を多く呼寄仰付《よびよせおおせつ》けられしより、諸国にても此《これ》を用ひしに、次第に石垣の事上手《じょうず》に成《なり》て、後には五輪を止《やめ》て石垣築《つき》のみを業《なりわい》としける、以来は諸国にても通名《つうめい》になり、石垣築者《つきもの》をあのふと云習《いいなら》はしける。（傍注・ルビ：筆者）

と記されていることによる。

ところでこの『明良洪範』とは慶長《けいちょう》から正徳《しょうとく》年間にかけての事績を書いたものであり、十八世紀に成立した書物であって、安土築城期の同時代史料ではない。もちろん「穴太」についての記録は、長享《ちょうきょう》二年（一四八八）の『山科家礼《やましなけれい》記《き》』に、「あのうのもの」とあることより、戦国時代に石垣を築く工人であったことはまちがいない。ただし、それが直ちに安土築城と関わるとするのは早計である。『信長公記』には、「石奉行、西尾小左衛門、小沢六郎三郎、吉田平内、大西、」とあり、石奉行については記されているものの、石工集団については何も記されていない。

一方、瓦生産については、『信長公記』に、「奈良衆焼き申すなり」と、奈良衆

写真１　坂本に残る里坊の石垣

に焼かせたことを記しているのとは対照的である。おそらく名前が記されるような著名な工人集団ではなかったのか、あるいは単一の工人集団ではなく、多くの工人が方々から集められたためではなかったかと考えられる。近年の安土城の発掘調査では、さまざまな構造の石垣が検出されており、多くの石工たちが築城に関わったことを示している（Ⅱ章参照）。穴太衆もそうした集団の一員であったものが、江戸時代になるとブランド化し、その正統性を主張するために「石垣築者をあのふと云習はしける」となったものと考えられる。

穴太は比叡山の東山麓に位置しており、石工たちは比叡山延暦寺に関わる石積みや側溝などの土木工事、五輪塔や石仏などを刻む集団であった。こうした技術によって醍醐寺などへも派遣されていたのであろう。穴太衆たちの積んだ石垣を穴太積みと呼び、その特徴を北垣聰一郎さんは、「野面石を使って完成した「布積み崩し」の技法こそ、実は穴太積み技法そのものだといいうる。」と述べている。また技術の伝承者である故栗田万喜三さんは、「石が行きたいところに行かしてやる」と語っている［北垣 一九八七］。

この特徴を示す代表的な石垣が坂本に残る里坊の石垣とされている（写真１）。参道の両側に積まれた石垣は実に美しい。そのため坂本は

写真２　日吉大社走井橋下の石垣

「石積みの里」と称されている。これまで坂本の里坊の石垣は穴太衆が活躍した十六世紀後半のものと思われていたのであるが、発掘調査の結果、ほとんどの石垣が近世以降に積み直されたものであることが判明している。

そうしたなかで、戦国期にさかのぼるとみられるのが日吉大社三橋である（写真2）。日吉大社の境内を流れる大宮川に架かる大宮橋、走井《はしりい》橋、二宮橋は天正年間（一五七三～九二）に豊臣秀吉によって造営されたと伝えられている。重要文化財への指定に係る説明文には、「天正年間豊臣秀吉ノ創設ト称ス、三橋各構造ヲ異ニシ、雄大ニシテ而モ雅趣ニ富ム、恐クハ我国現存石橋中ニシテ、又最優秀ナル者ノ一ナルベシ」と記されている。しかし一説には寛文《かんぶん》九年（一六六九）に石橋となったとも伝えられている。安永《あんえい》七年（一七七八）に刊行された『山門並坂本諸堂社案内記』には、

権現様ノ石橋　九間余　大宮石橋　長サ九間余　幅二間二尺　往古ハ弐拾弐間木橋ニ　□有之候　処寛文九年石橋ニ成　元禄十六年ニ御修復　走井橋　長サ五間斗幅二間斗（中略）元禄十六年御修復

奉行松平紀伊守

とあり、大宮橋に関しては木橋から石橋への改修を記している［滋賀県

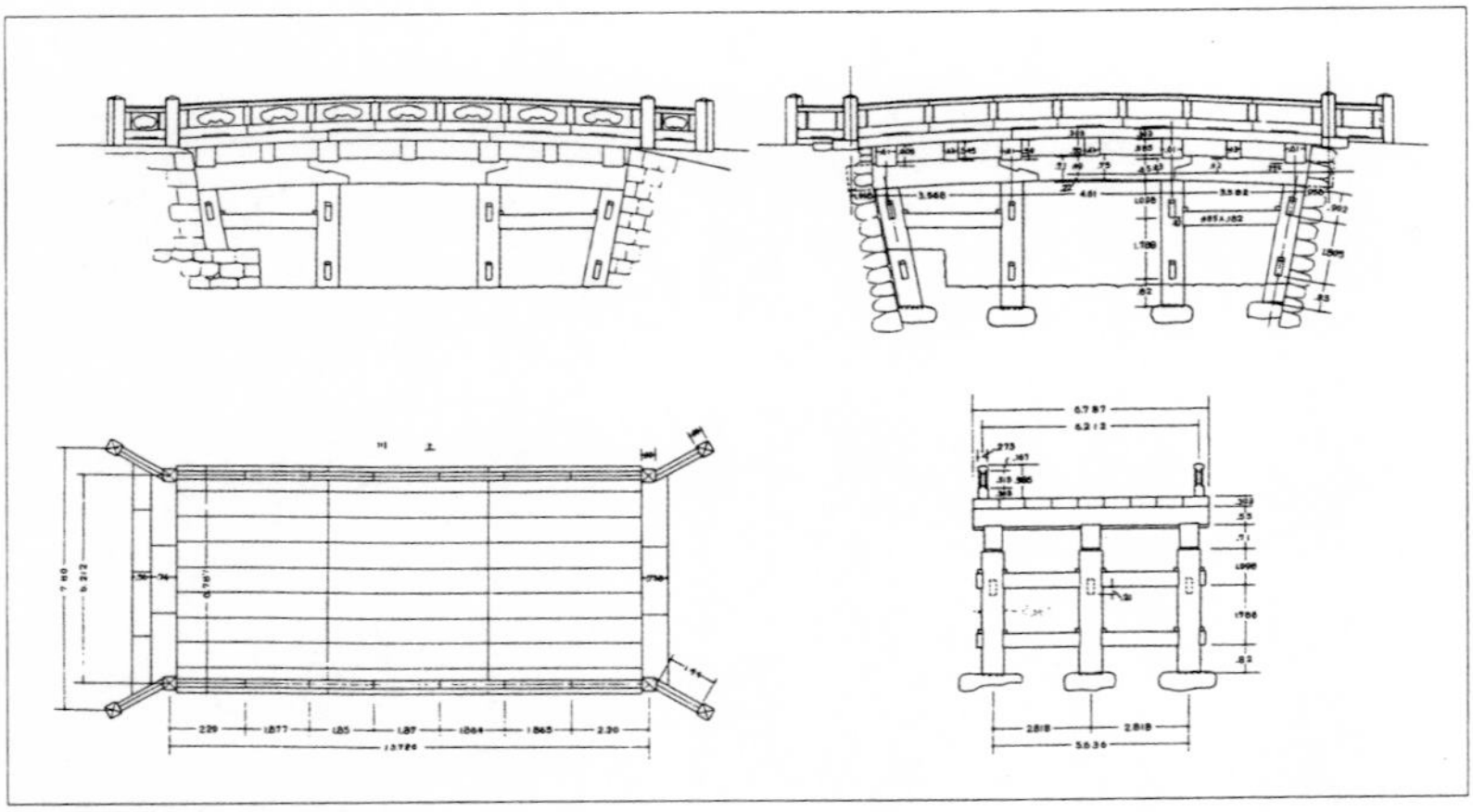

大宮橋実測図

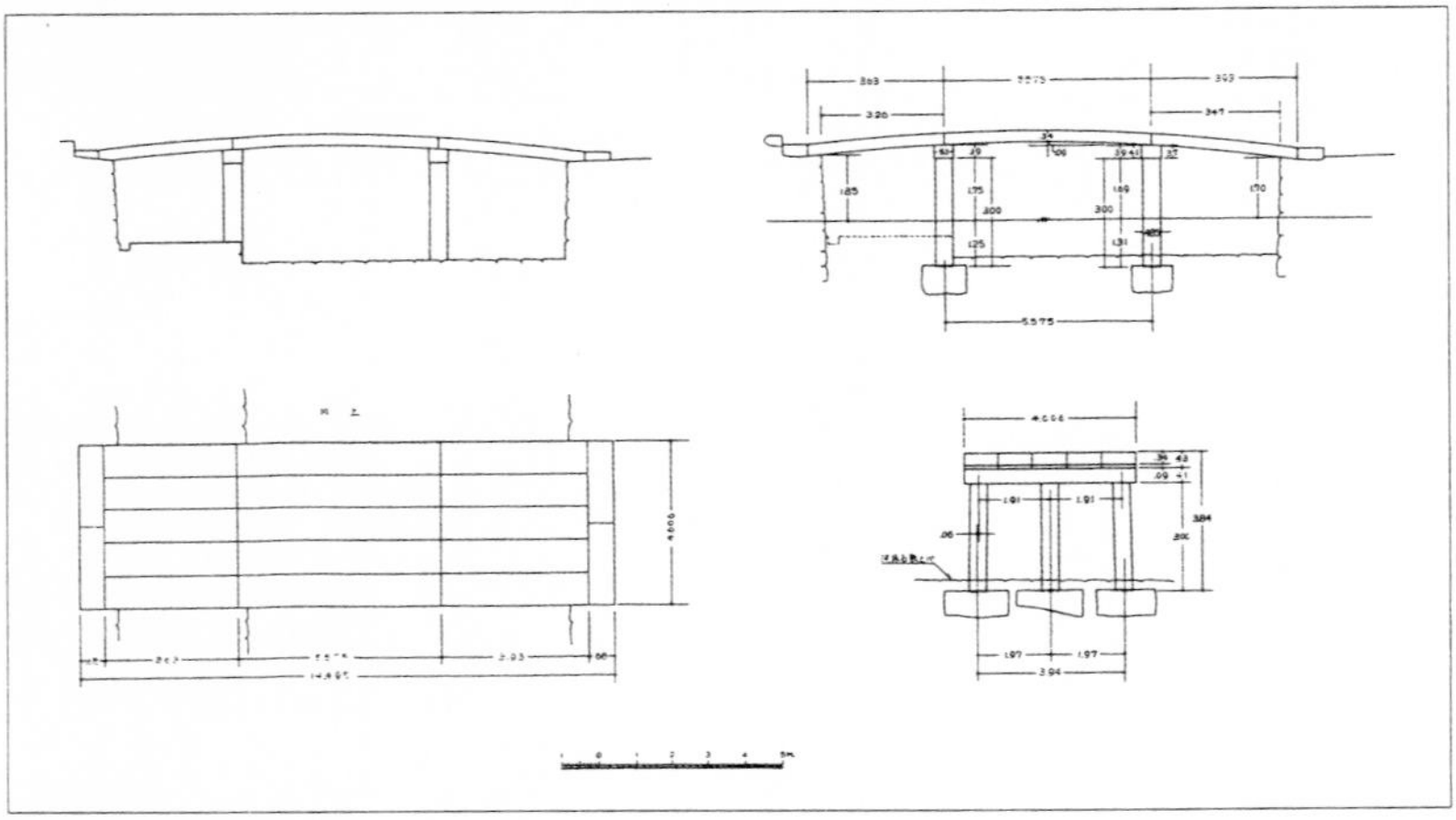

走井橋実測図

教委 一九九三］。

こうした記録を裏づけるように現存する三橋には構造的にも差異が認められ、大宮橋では格狭間《こうざま》を彫り込んだ高欄《こうらん》が設けられていたり、橋梁《きょうりょう》がホゾ（枘）によって組まれているなど、他の二橋に比べて新しい構造となっている。走井橋は方柱の橋梁に横板を載せたきわめてシンプルな構造であり、天正年間造営の可能性が高い。

ここで注目したいのは橋の両側に積まれた石垣である。巨石を用いた野面積みで、北垣さんのいう古式穴太積みに酷似する。他地区の石垣が切石積みとなっていることからもこの部分が古いことは一目瞭然であり、天正年間までさかのぼる可能性が高

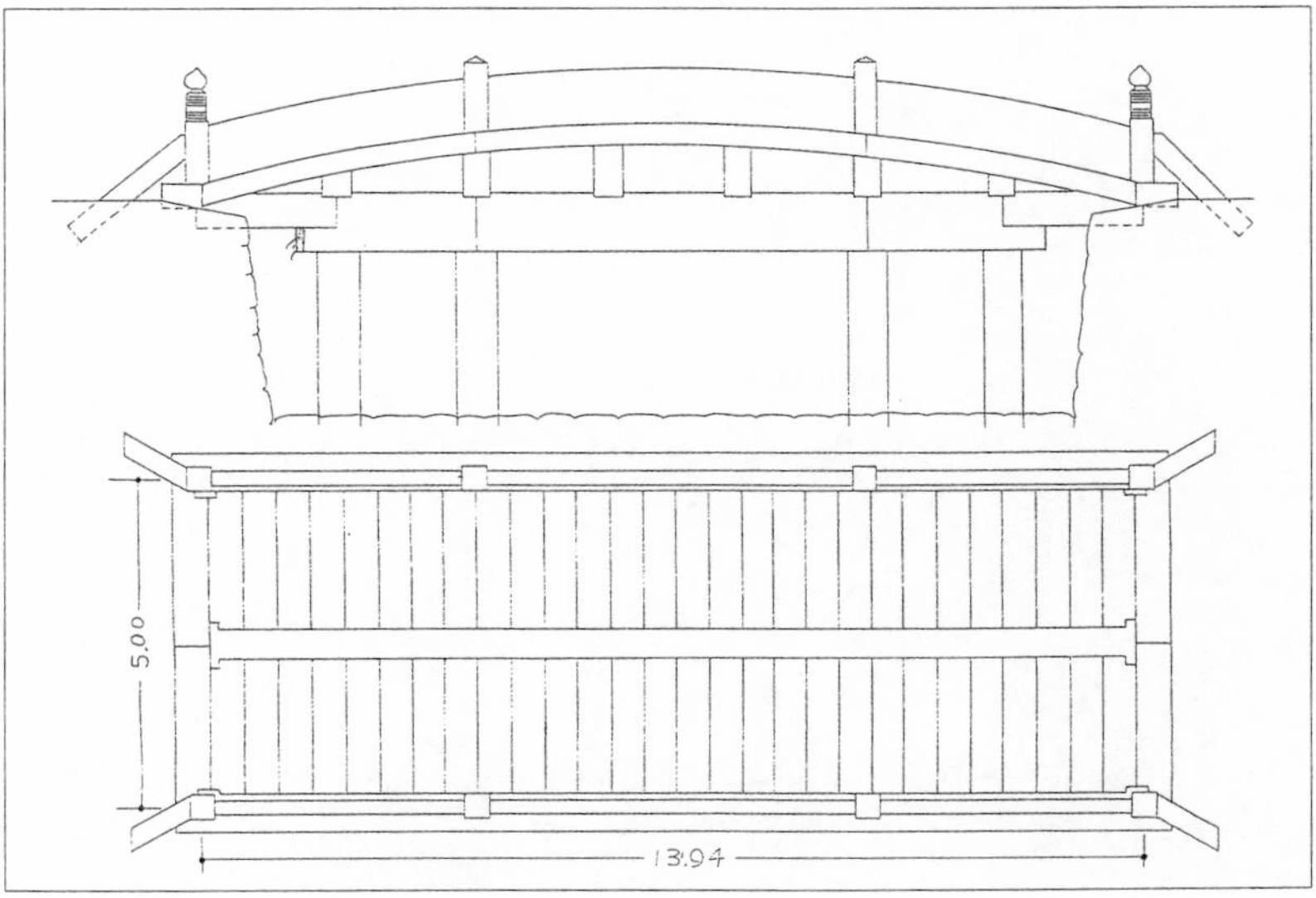

二宮橋実測図

第Ⅰ図　三橋の構造（滋賀県教委 1993）

い。坂本に現存する唯一の十六世紀後半の石垣と考えられる。こうした石垣や石橋造営に穴太衆と称される工人が従事していたのである。

2　近江の戦国期城郭と石垣

日本城郭の画期となった安土城の大きな特徴のひとつが高石垣である。安土城以降の城郭では石垣が恒常的に用いられるようになる。しかし、安土以前の城郭にも石垣の用いられた城郭が存在する。その最古の事例が水茎岡山城《みずくきおかやま》（近江八幡市）の石垣である。

Ⅱ章でものべたように、水茎岡山城では発掘調査の結果、石垣が検出されている。この水茎岡山城は室町幕府十一代将軍足利義《よし》澄《ずみ》を迎えるために永正《えいしょう》五年（一五〇八）に九里《くのり》氏によって築かれ、大永《だいえい》五年（一五二五）に六角氏に攻められ落城した後は廃城となっている。検出された石垣は高さ3㍍におよび、矢穴痕は認められず、自然石の巨石を用いて積み上げられている。積み上げ角度はほぼ垂直に近い。周辺の状況より大永五年の落城以後、再利用されたとは考えられず、石垣は永正五年から大永五年のものと見てよい。安土

写真３　観音寺城　権現見附より伸びる石垣

写真４　観音寺城　石垣石材に認められる矢穴痕

写真5　能仁寺で検出された石垣

城に先行すること実に六十年以上も古く、城郭に導入された石垣のなかでは最古に位置づけられる。

水茎岡山城につぐのは、近江守護佐々木六角氏の観音寺城である。くわしくはⅡ章で紹介したので繰り返さないが、観音寺城の石垣は、「下倉米銭下用帳」（金剛輪寺文書）の弘治二年（一五五六）の記録があることから、六角氏の居城への石垣導入に関しては金剛輪寺の持つ技術者集団が動員されたと考えられる。武家側は寺社の持つ技術を導入することによって城郭に石垣を採用できたわけである。

3　能仁寺と近江近郊の寺院の石垣

江北の守護京極氏の墓所である清瀧寺《きよたきじ》徳源院《とくげんいん》の北側の谷は「ノネジダニ」と呼ばれ、京極氏七代高詮《たかあきら》の菩提寺である能仁寺《のうにんじ》の跡と伝えられていた。その谷に砂防堤が設けられることとなり、二〇一〇年に事前に発掘調査が実施された。その結果、伝承通り中世の寺院跡が検出された。谷の中央に設けられた平坦地には本堂と見られる礎石建物があり、堂宇に至る参道は山の斜面を切り開いて設けられており、その斜面の護岸として石垣が築かれていた（写真5）。高詮は応永《おうえい》八年（一四〇一）に没し

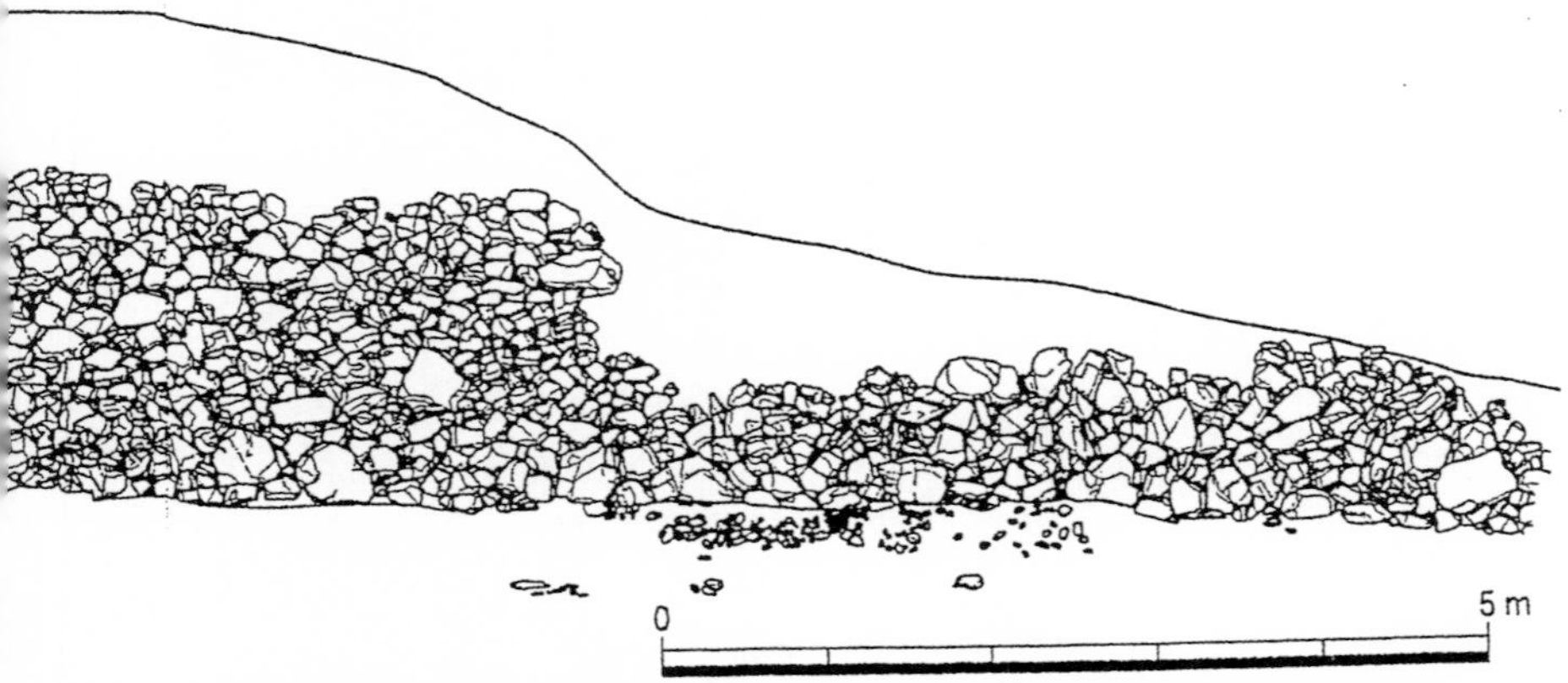

写真６　勝持寺で検出された石垣

ており、検出された石垣はその年に築かれたものと考えられる。石垣は最も高いところで約2㍍を測り、六～七段に積まれていた。

石垣の積み方の特徴としては、幅1㍍程度の巨石を基底部に一列に配し、その上に人頭大のやや小ぶりの石を積み上げていくもので、人頭大の石材は目地が通らず、落とし積みのように斜位に配されるものも見られた。そしてその勾配はほぼ垂直に近かった。十五世紀初頭の寺院の石垣として注目される遺構が発見されたのである。

ここで少し視野を広げ、近江近郊で検出された中世寺院の石垣についてもみておきたい。京都洛西の花の寺の名称で有名な勝持寺《しょうじじ》

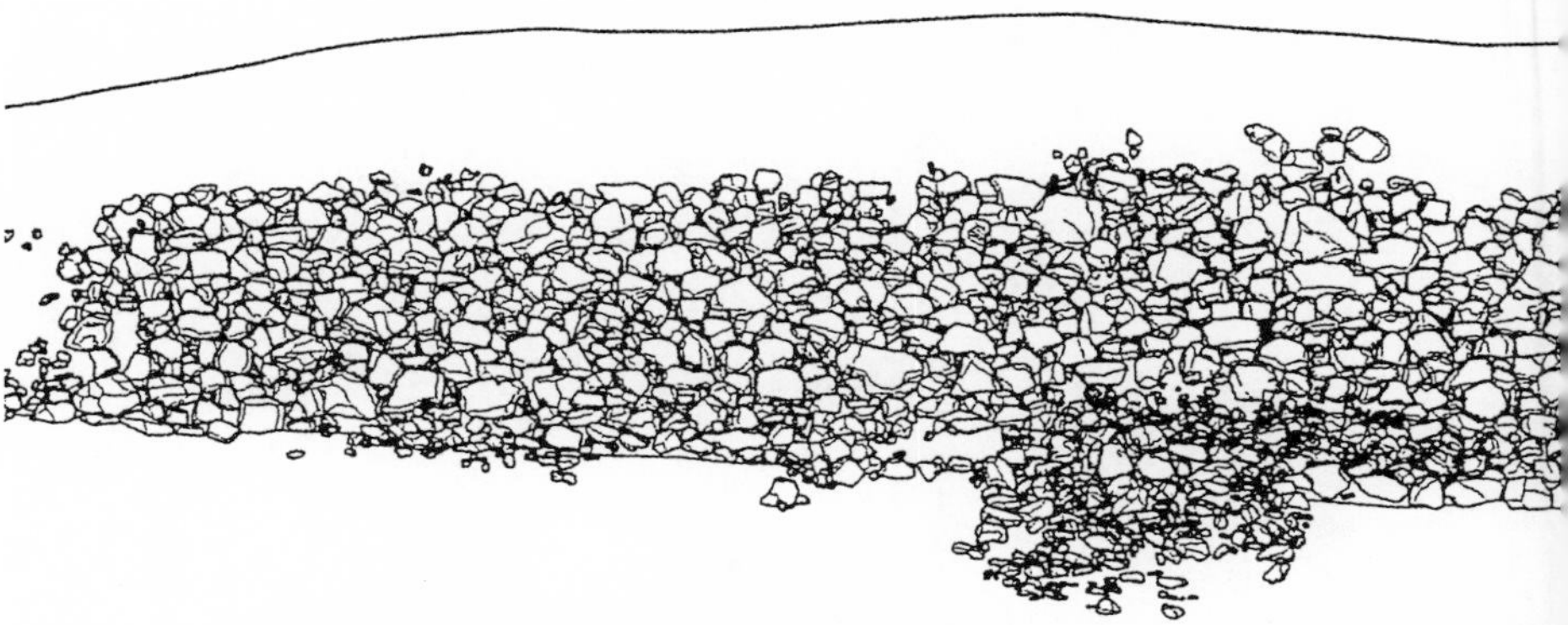

第２図　勝持寺検出の石垣立面図（南 2011）

写真７　慈照寺で検出された石垣

（京都市西京区）では二〇一〇年の発掘調査で坊院の段から石垣が検出された（写真6、第2図）。人頭大の比較的小さな石材を乱雑に積み上げたものだが、注目されるのはその勾配で、ほぼ垂直に積み上げられている。高さはもっとも残りの良いところで約4メートルを測る。出土遺物の年代よりこの石垣は十五世紀に築かれたものと考えられる。石材はすべて自然石で目地は通らない。

　銀閣寺の名で知られる京都東山の慈照寺《じしょうじ》（京都市東山区）は、室町幕府第八代将軍足利義政《よしまさ》によって創建された東山山荘を前身としている（写真7、Ⅱ章参照）。その慈照寺の境内より溝の側壁として

写真8　田辺城で検出された石垣

築かれた石垣が検出された。高さ約4㍍の石垣はその中段に石半個分の犬走りを設け、上段の石垣をセットバックさせる形で積み上げられている。その勾配がほぼ垂直であることより、一気に積み上げることが不可能なため、セットバックさせて積み上げているのである。石材の大半は東山の白川石と呼ばれる花崗岩であるが、そのなかの数石には矢穴が認められ、切り出された石材であることが確認された。東山殿の建立が文明十四年（一四八二）であり、検出された石垣もほぼその頃に築かれたものと考えられる。

ところで現存する矢穴の古い事例は文永《ぶんえい》五年（一二六八）銘を刻む高野山の七十七町石《ちょういし》が知られるが、慈照寺の石垣は、石垣の石材として矢穴技法によって割られた石を用いた最古例である。

この慈照寺の石垣と同様の石垣が田辺城（京都府京田辺市）から検出されている。田辺城は応仁文明の乱時には東軍細川勝元《かつもと》軍に属した「東方十六人衆」の一員であった田辺氏の居城である（写真8）。発掘調査によって虎口部分が検出されたが、枡形虎口の構造となり、その正面に石垣が築かれていた。検出された石垣は目地を通すことを意識しており、石材と石材の間の隙間はほとんどないように合端《あいば》が合わされている。石材には花崗岩と凝灰岩が用いられており、花崗岩には矢穴が穿たれ、矢穴技法によって割られた石材が用いられていた。出土遺物から築造年代は十五世紀後半から十六世紀前半のものと考えられる。なかでもこの田辺城の石垣で注目されるのは、石垣の背面構造が明らかになった点である。石垣の背面は地山をカットしたうえで、奥行約80センチにおよぶ栗石（裏込石）が充填されていた。

石垣と石積みの相違は、この栗石が背面に充填されているか、されていないかという点にある。石垣は技術である。それは石を積むということではなく、石垣の崩壊を防ぐ目的で石積みの背面に栗石を充填することが技術であり、これが石垣である。一方、石積みとは背面には何の作業もなさず、ただ石を積んだものである。

さて、近年の発掘調査によって検出された中世の石垣についてみてきた。現在のところ、能仁寺の石垣が十五世紀の最初頭の遺構であり、もっとも古い。さらにほぼ同時期と考えられる遺構に勝持寺の石垣がある。これらはいずれも乱雑な積み方であり、特徴的な技術を見出すことはできない。ただ、能仁寺では基底部に巨石を配置するという点は特徴として捉えておきたい。また、その勾配はいずれもほぼ垂直に積む点は共通しており、十五世紀の石垣は、垂直を目指して積まれていたことがわかる。

4　近江における矢穴技法の展開

つぎに矢穴の問題に移ろう。慈照寺で検出された石垣が十五世紀の第4四半期であり、田辺城の石垣が十五世紀末から十六世紀前半のものであり、慈照寺の石垣構築技術が田辺城につながるものであることはまちがいない。田辺城主の田辺氏は田辺別所氏と呼ばれ、南都興福寺とは強いつながりのあった国人であり、そうした田辺氏の性格が石垣導入に大きく関与していたのであろう。石垣の石材を矢穴技法で割ることは寺院での石垣に導入され、それが城郭の石垣へと伝播したわけである。

近江の場合、城郭石垣の石材に矢穴痕の認められる最も古い事例は、観音寺城の石垣である。Ⅱ章でものべたように、観音寺城の石垣で矢穴の認められる石材は、池田丸、その下段、権現見付などの山上曲輪群はもちろん、観音寺城で最古級といわれていた山麓の伝御屋形にも認められた。もちろん、巨大な山城である観音寺城の城域全体がすべて同時代に築かれたものとは到底考えられず、おそらく数十年にわたって増改築が繰り返されたものと考えられる。矢穴の認められる石材が組まれた石垣の確実な年代は、金剛輪寺の「下倉米銭下用帳」に記された弘治二年（一五五六）とみれば、近江においては十六世紀中頃には矢穴技法によって割られた石材が用いられたことになる。安土築城二十年前のことである。

すでに再三述べているように、観音寺城の石垣は栗石も充填され、隅石も方形の石材を用いるなど、安土城に先行する石垣のなかでは、唯一石垣と呼ぶにふさわしいものであり、その構築技法は、金剛輪寺の抱える職能者集団が動員されたものであった。この観音寺城の石垣構築を考えるうえで重要な石材が岩瀬谷《いわせだに》古墳群より検出された。ここでは岩瀬谷古墳の石材を分析するとともに、矢穴技法がどのように近江で用いられたかを究明することによって、城郭に石垣がどのように導入されたかを検討してみたい。

(1) 岩瀬谷古墳群の矢穴石（写真9・10、第3図）

岩瀬谷古墳群は、滋賀県湖南市正福寺岩瀬谷に所在する。二〇一一年度の発掘調査によって六世紀後半から末期の横穴式石室五基が検出された。この調査で、古墳群隣接地の大砂川《おおすなかわ》河床付近から矢穴を二段に穿った石材が発見された。石材は花崗岩で、現地表面からの高さ約2メートル、平面での長軸約2.7メートル、同短軸約1.9メートルを測る。地表にあらわれている四面のうちの北面に矢穴が穿たれていた。

矢穴は二段にわたって、ほぼ水平に穿たれていた。上段には七ヶ所に矢穴が、下段には六ヶ所に矢穴が認められた。その矢穴は長辺約13〜15センチ、深さ約8〜9センチを測り、その形状は舌状《ぜつじょう》・舟底状《ふなぞこじょう》を呈している。

写真9　岩瀬谷古墳群　矢穴石（全景）

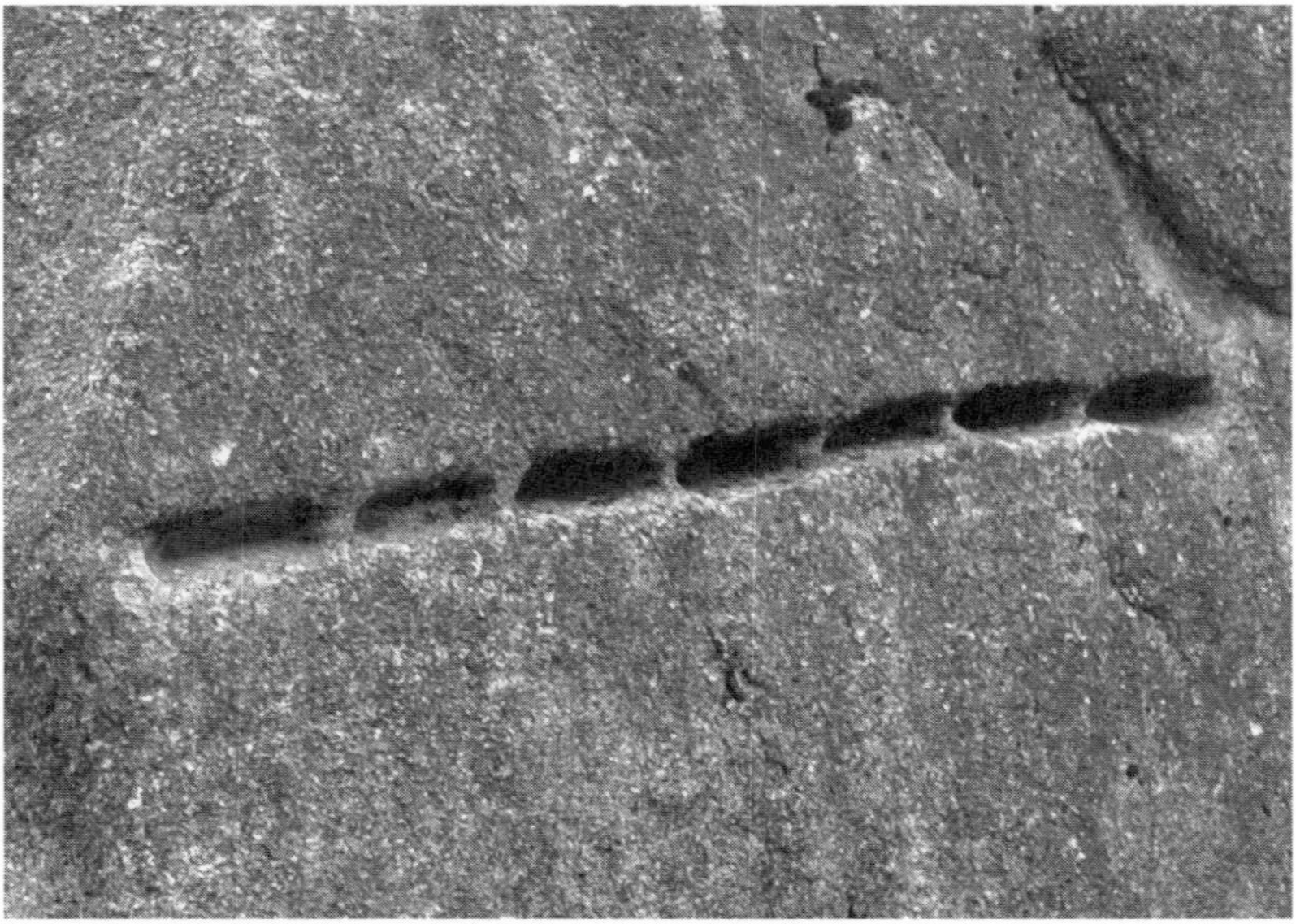

写真10　岩瀬谷古墳群　矢穴石（部分）

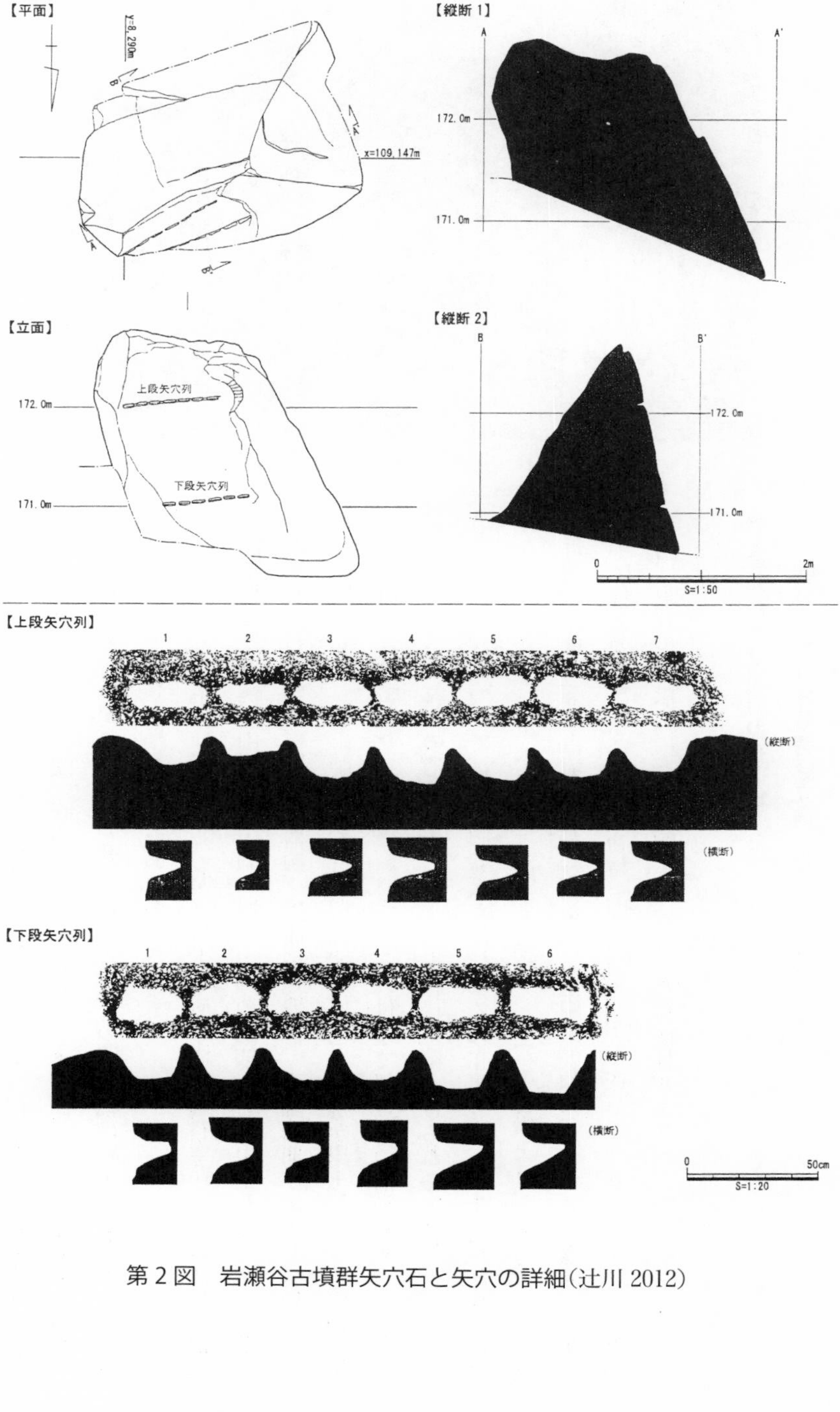

第２図　岩瀬谷古墳群矢穴石と矢穴の詳細(辻川 2012)

写真８　廃少菩提寺地蔵菩薩立像

矢穴が残るということは、実際には石材として切り出さなかったことを示している。重要な点は、二段に穿った矢穴にある。つまり切り出したかった石材は、この二段の矢穴の間であったと考えられる。その間の幅は約1㍍を測ることより、三尺の石材を切り出したかったのであろう。

矢穴を刻んだ年代は不詳であるが、D1号墳の横穴式石室からは近江型瓦器椀《がきわん》、近江型黒色土器椀、山茶碗、土師器《はじき》皿、中国の銅銭などが出土している。D2号墳の横穴式石室からは黒色土器椀、近江型瓦器椀、土師器皿が出土している。また、南側斜面からも土師器皿、近江型瓦器、黒色土器椀が出土し、さらに鍛冶炉遺構も検出されており、中世において、この付近で何らかの活動のあったことを示している。これらの遺物は十二〜十三世紀に位置づけられる〔辻川二〇一二〕。

一方、矢穴については、森岡秀人さんによる編年より十三〜十六世紀に位置づけられる〔森岡・藤川二〇〇八〕。出土遺物と、矢穴の特徴より、報告者である辻川哲朗さんは岩瀬谷古墳の採石時期を十三世紀頃と想定している。なお、出土した中国銭のなかに永楽通宝《えいらくつうほう》（初鋳一四〇八年）が存在していることより、中世の活動は十五世紀以降にも散発的に続いていた可能性がある。

(2) 岩瀬谷古墳周辺の石造物

①廃少菩提寺地蔵菩薩立像（第3図、写真8・9）

第３図　廃少菩提寺地蔵菩薩立像矢穴拓本（中川永氏採拓製図）

写真９　廃少菩提寺地蔵菩薩立像背面の矢穴

岩瀬谷古墳群で検出された矢穴石材はどこに供給するために割られたのだろうか。湖南市菩提寺に所在する廃少《はいしょう》菩提寺《ぼだいじ》は興福寺の別院として、天平《てんぴょう》三年（七三一）に良弁《ろうべん》によって建立されたと伝えられる。廃寺には石造宝塔《ほうとう》が残り、「仁《にん》治《じ》二年（一二四一）辛丑《しんちゅう》七日」「願主僧良全《がんしゅそうろうぜん》・施主《せしゅ》日置氏女《ひおきうじにょ》」の銘文が刻まれている。

注目されるのは同じく廃寺に残る三体の石造地蔵菩薩立像である。中心の地蔵菩薩立蔵は総高158㌢を測り、鎌倉時代の造立と見られる。その両脇に立つ地蔵菩薩立像は南北朝時代の造立と見られる。この両脇の地蔵菩薩立像の背面には矢穴が認められた。向かって右側の地蔵菩薩の背面右側に二ヶ所の矢穴が穿たれており、向かって左側の地蔵菩薩の背面左側には七ヶ所の矢穴が穿たれている。いずれの矢穴も長辺12～14．5㌢、深さ3．6～6．1㌢を測り、その形状は舌状を呈している。

写真10　善水寺地蔵菩薩像（全景）

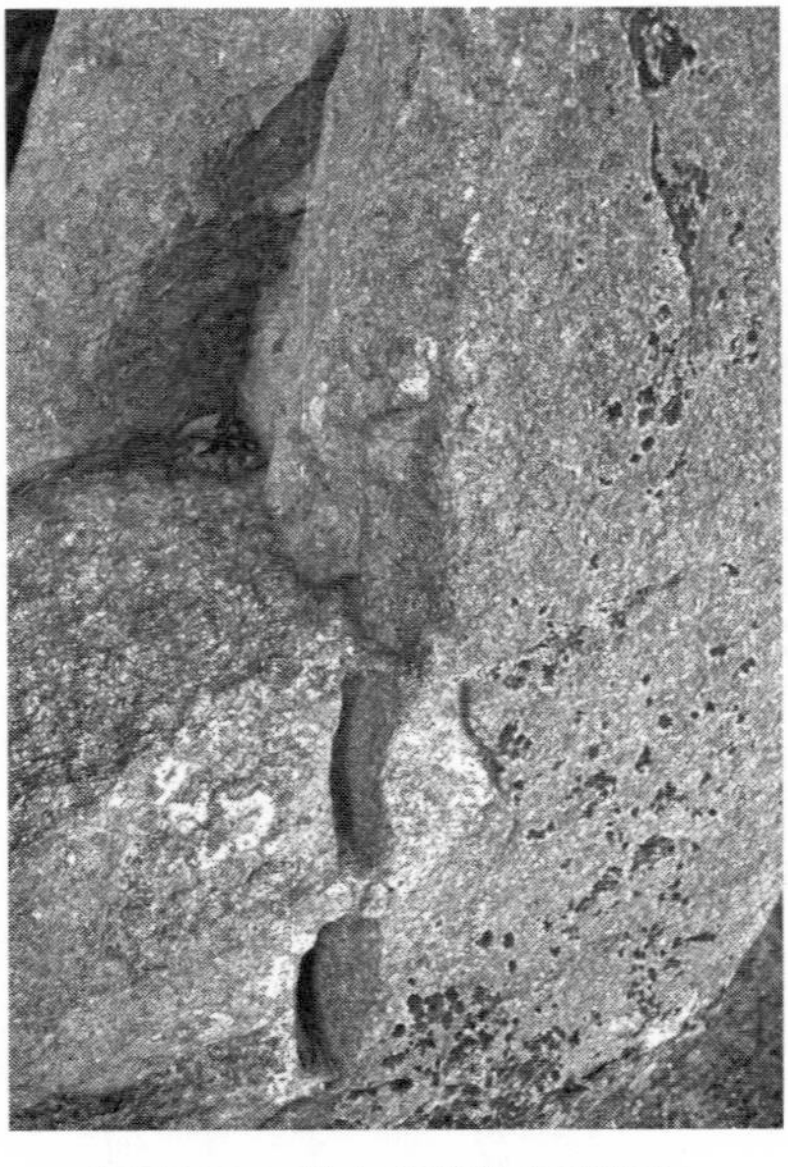

写真11　善水寺地蔵菩薩像に残る矢穴

②善水寺地蔵菩薩像（第4図、写真10・11）

さらに岩瀬谷古墳に隣接して、近年湖南三山と呼ばれている常楽寺《じょうらくじ》（西寺）、長寿寺《ちょうじゅじ》（東寺）、善水寺《ぜんすいじ》がある。いずれも天台宗の寺院である。その善水寺に砂かけ地蔵と呼ばれる石仏がある。不均等な台形を呈する石材の東面に像高約65センチの地蔵菩薩が彫り込まれている。石材は花崗岩である。この石材の上面と南面に矢穴が穿たれている。上面には三ヶ所に矢穴が認められる。この上面の矢穴は石材を割って半裁されたあとの形状を示すものである。一方、南面には四ヶ所に矢穴が認められるが、上部の二ヶ所は半裁された状態のもので、下部の二ヶ所は矢穴が穿たれた状態であり、おそらく楔を打ち込んだ際に、上部のみがはつられ、うまく割れなかったようである。いずれも矢穴は長辺12・4～15・2センチ、深さ5・8～7・8センチを測り、その形状は舌状、舟底状を呈している。

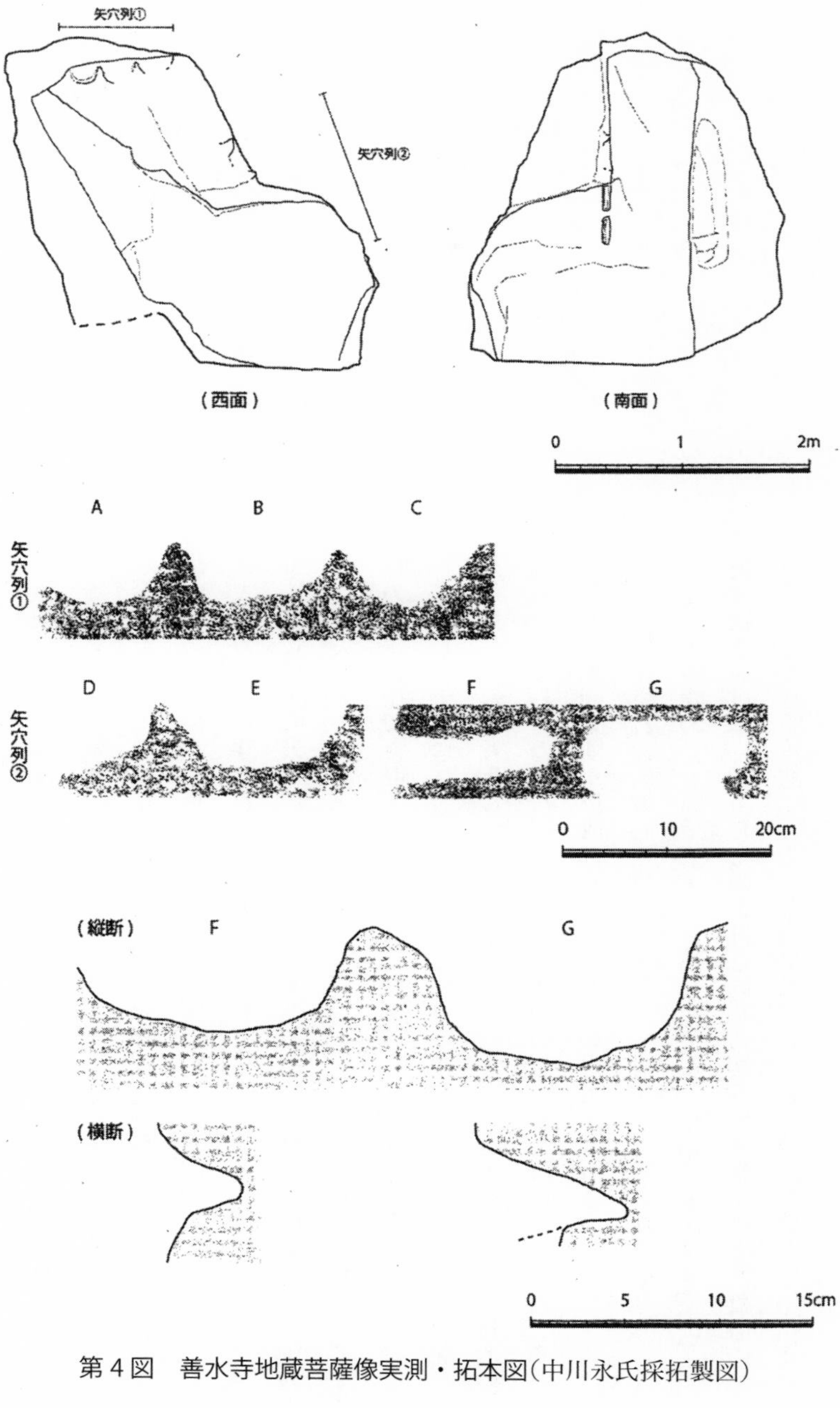

第４図　善水寺地蔵菩薩像実測・拓本図（中川永氏採拓製図）

(3) 矢穴技法の技術者たち

現在、日本における最古の矢穴は紀年銘資料に限れば、奈良県大和郡山市の額《がく》安寺《あんじ》にある、文応《ぶんおう》元年（一二六〇）銘の宝篋印塔《ほうきょういんとう》である。佐藤亜聖さんによると、そのルーツは中国明州《めいしゅう》（現在の寧波《ニンポー》）出身で、鎌倉時代に東大寺再建に尽力した伊《い》氏にあるという［佐藤 二〇〇九］。佐藤さんは寧波周辺での調査で、慈城朱貴廟武人像の底部に穿たれた矢穴も確認されている。その矢穴は幅5～7センチ、深さ2～4センチと日本の矢穴に比べると小型であるが、佐藤さんによると中国の矢穴技術には豆矢《まめや》と大矢《おおや》があって、日本に伝わったのは大矢（長辺10センチ以上）を用いた石材の加工技術であり、部分的な移植であったと想定されている［佐藤 二〇一九］。

こうした矢穴によって石を割るという技術が宋人によって十三世紀に日本に伝えられたものと考えられる。そして矢穴技法は石塔・石仏などの石造物の原材を得るための石材の採石技法として、各地の有力な寺院に伝えられ、それぞれの寺院などで職能集団が形成されていったものと考えられる。

今回検出された岩瀬谷古墳群の矢穴石も湖南の天台寺院で石塔などを製作していた石工が穿ったものである。その年代は十三世紀と考えられていることより、矢穴技法が日本に伝来したのとほぼ同時に切り出されようとしたものである。湖南は奈良とも距離的に近く、奈良に伝来した矢穴技法がいち早く伝えられたのであろう。

(4) 寺院から城郭へ

さて、岩瀬谷古墳群で検出された矢穴石は、廃少菩提寺や、湖南三山など甲賀周辺の天台寺院の石仏を製作するために切り出された石材であることが明らかとなった。こうした寺院に従属する石工が甲賀以外にも存在したことは想像に難くない。観音寺城の石垣が金剛輪寺の技術によったものであることは「下倉米銭下用帳」の記録より明らかであるが、特に「西座」の存在は注目される。「下倉米銭下用帳」によると、観音寺城の石垣を築くにあたって、守護六角氏の重臣三上《みかみ》宗右衛門《そうえもん》が使者谷十介《たにじゅっすけ》を金剛輪寺に派遣し、西座のメンバーは六角氏の求めに応ずるか否かを談合していた。金剛輪寺の西座こそ石工集団を把握する寺内組織だったのである。本来は金剛輪寺の五輪塔製作などにも従事しており、石材も切り出していたと考えられる。その西座衆の把握する石工集団が観音寺城の石垣普請に動員され、矢穴技法で切り出した石材を使っているのは、金剛輪寺の門前町を活動の場とする石工らが矢穴技法を習得していたからであろう。

また、京都府南部の田辺城でも花崗岩を矢穴技法で割った石材を用いた石垣が検出されている。出土遺物の年代より十五世紀後半から十六世紀初頭のものであることが判明している。すでに述べたように田辺城の城主田辺氏は興福寺との関係の強い国人であり、築城にあたっては興福寺の技術を導入した可能性は高い。

このように矢穴技法は寺院が把握している石工のもつ技術であり、戦国期の石垣に用いられることは観音寺城と田辺城以外はなかった。ところが、天正《てんしょう》十一年（一五八三）の豊臣秀吉による大坂築城以降、城郭の石垣石材の切り出しにも少しずつ用いられるようになる。これは織田・豊臣系城郭の築城ラッシュに伴い、おおよそ求める形状の石材を安定的に確保できる技術として認識され、寺院に属する職能集団を秀吉が築城のための職能集団へと再編成した結果といえよう。さらに慶長五年（一六〇〇）の関ヶ原合戦後の領国における新城の築城ラッシュは全国規模でおこなわれたため、一気に矢穴技法による石材の切り出しが日本全域に展開したのである。

おわりに

近江の城郭に築かれた石垣が寺院の技術からの援用であれば、水茎岡山城の石垣も寺院からの影響が考えられる。しかし、水茎岡山城の石垣石材には矢穴痕は認められない。廃城の大永五年（一五二五）には矢穴技術は採用されず、少なくとも近江における城郭石垣の矢穴の採用は、大永五年以降、弘治二年の間（一五二五〜一五五六）ではなかったかと考えられる。

しかし、観音寺城に続く安土城の石垣石材に矢穴痕が確認できない。安土の築城に動員されたといわれる穴太の集団は、『明良洪範』によれば、主に五輪塔の製作に従事していたことを記している。この穴太の集団は、日吉三橋の石垣に見られるように自然石を横位に積み上げる野面積みである。

岩瀬谷で石を切り出し、周辺の寺院で石仏などを製作していたのは近江の職能集団であったと考えられる。ここで重要なことは、近江の職能集団はすでに矢穴技法によって石材を切り出す技術を習得していた点である。穴太衆は、自然の石を積む石工集団といわれているが、本来は矢穴技法によって石を切り出し、五輪塔や石仏に加工していた職能集団であった可能性はないのだろうか。それが十六世紀後半から十七世紀初頭の築城ラッシュのなかで、石垣を積む集団に特化していったとは考えられないか。

矢穴技法を習得した近江の職能集団が安土築城に動員されたのであれば、安土城の石垣にも矢穴技法によって割られた石材が使用されたはずである。しかし、安土城で矢穴痕の残る石材が今のところ認められないのは、安土築城に矢穴技法を習得している職能集団は動員されず、自然石を積む職能集団に動員がかけられた可能性が高い。安土城の石垣は小牧山城や岐阜城の石垣を積んだ職能集団が引き続いて動員されたのではないだろうか。

安土築城以降、日本列島の城郭には石垣が普遍的に導入される。その前史には寺院の石垣の技術が存在したのである。近江はそうした石垣出現の地のひとつだったことはまちがいない。

※初出は「近江の石積み」（『近江学』サンライズ出版、二〇一二年）と「近江における矢穴技法の展開」（『織豊城郭』第15号、二〇一五年）。二本を合わせて成稿。

★コラム 用語解説4　石垣の構造

間詰石（まづめいし）　野面積みや打込接の石垣では石材と石材の接合部が少なく、透間が生じる。その透間に詰める石が間詰石。

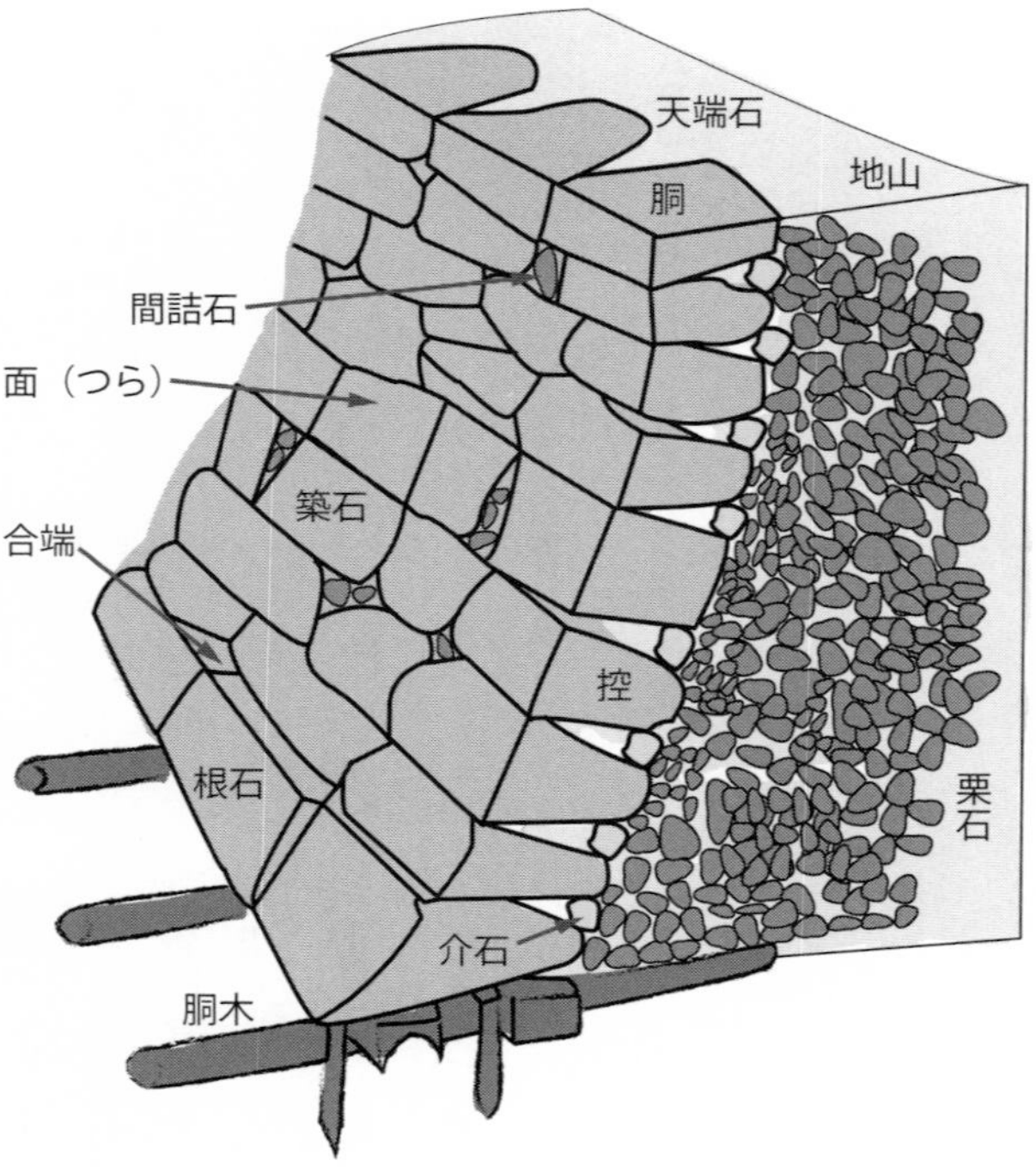

石垣の構造 イメージ図

合端（あいば）　石垣の石材と石材の接合部の呼称。

栗石（ぐりいし）　石垣構築でもっとも重要なものが石垣背面に充填する裏込め石である。この裏込め石を栗石、五郎太石と呼ぶ。栗石は石垣背面の排水に重要で石垣崩落を防ぐ効果を持つ。

根石（ねいし）　石垣の最下部に据えられた石。根石の上に石が積み上げられて石垣となる。根石は石を据えた後には埋められる場合が多い。

介石（かいいし）　石材と石材の控え部で嚙み合わせるために詰めた石、または根石を据える際に根石底部に詰めて安定させた石。

胴木（どうぎ）　低湿地に石垣を築く場合、石垣の不同沈下を防ぐ目的で根石の下に敷設された木材。水に強い松材が用いられる。井桁状に組まれた梯子胴木などがある。

Ⅳ 信濃の石垣・石積み

埴原城の石垣

はじめに

信濃守護小笠原氏の居城林《はやし》城をはじめ、その支城と考えられる林小《はやしこ》城、さらには関連する埴原《はにわら》城、桐原《きりはら》城、山家《やまべ》城などの諸城の特徴として石垣※1がある（以上、松本市）。戦国時代の山城は基本的に山を切り盛りして築いた、土の城である。ところが松本周辺の山城には石垣が導入されている。

この松本周辺の山城の石垣については、小笠原氏によるものではなく、天正十年（一五八二）の武田氏滅亡後に草刈り場と化した信濃に入った徳川氏によるものではないか、といった説がある。けれどもその評価についてくわしく述べたものはない。そこで本章では、松本周辺の山城に用いられた石垣の構築年代と、築造者について検討してみたい。

II章でものべたように、日本において城郭に高石垣が導入されたのは、天正四年（一五七六）に織田信長によって築かれた安土城を嚆矢とするのではなく、安土城以前にも石垣の導入された城郭は確認できる。たとえば近江守護佐々木六角氏の居城である観音寺城の石垣は「下倉米銭下用帳」（金剛輪寺文書）によれば、弘治二年（一五五六）に築かれたものであることはまちがいない。さらに近年は

※1　繰り返すが、石垣とは本来、その背後に栗石と呼ばれる裏込石を充填する構造のものをいう。栗石を充填しない場合は石積みと呼び、明確に区別しなければならない。しかし、発掘調査によらない場合、背後の構造を明らかにすることはできない。したがって本章ではすべて石垣の表現を用いた。

写真１　林小城の石垣

各地で発掘調査によって安土城をさかのぼる石垣が検出されている。安土築城以前の石垣はすでに紹介したので繰り返さないが、安土築城以前の石垣分布のなかに信濃がある。とりわけ松本周辺の山城で石垣が顕著に用いられている。

1　信濃の石垣

(1) 林城（松本市）

林城は筑摩山地の最北端に位置している。築城に関する詳らかな史料はないが、十五世紀中頃に守護小笠原氏が井川《いかわ》城より林に移ったと考えられている。一七二四年成立の地誌『信府統記《しんぷとうき》』には「小笠原家ノ要害」と記されている。

林城は大きく東方の山頂に築かれた林大城と西方の山頂に築かれた林小城から構成され、両城に挟まれた谷筋の林山腰《はやしやまこし》遺跡からは十六世紀の礎石建物が検出されており、小笠原氏の居館の可能性も考えられる。大城では主郭をめぐる土塁の内外に石積みがあり、築城当初は石塁であったと見られる。

林小城は主郭をめぐる土塁の外側には鉢巻石垣が構えられている（写真

写真2　桐原城の石垣

1)。高さは約1.5メートル程度だが、石材は自然石を用いた野面積みで、その傾斜はほぼ垂直となるのを特徴としている。

(2) 桐原城（松本市）

桐原城は林城の北東約2キロに所在する大蔵山に築かれている。『信府統記』には、桐原大内蔵真智によって寛正《かんしょう》元年（一四六〇）に築かれたと記されている。『高白斎記《こうはくさいき》』（戦国期の日記、記主は武田氏家臣駒井《こまい》政武《まさたけ》）によると、天文十九年（一五五〇）の武田晴信《はるのぶ》による筑摩郡侵攻により林城とともに自落したと記されている。主郭をめぐる土塁の内外面に石垣が築かれていた（写真2）。一部では鉢巻石垣とその下部にも石垣が築かれる、二段の石垣も認められる。桐原城では主郭だけではなく、各曲輪の斜面に石垣の痕跡が認められ、城域の大半が石垣によって築かれていた可能性が高い。

なお、この石垣は扁平な石材を垂直に近く積み上げるという特徴をもつ。

(3) 山家城（松本市）

山家城は林城の東部に所在する秋葉山に築かれている。『信府統記』には「中入山ノ古城」と記されている。諏訪上社神長官《じんのちょうかん》が寛正五年（一四

写真3　山家城の石垣

六五）から延徳《えんとく》四年（一四九二）のあいだに書き留めた『守矢《もりや》満實《みつざね》書留《かきとめ》』に文明《ぶんめい》十二年（一四八〇）に小笠原長朝《ながとも》が山家城を攻め、山家孫三郎が討死したとあるのが初見である。『高白斎記』には天文十九年（一五五〇）の武田晴信の筑摩郡侵攻によって林城、桐原城とともに自落したと記されている。

主郭の周囲にめぐらされた石垣は、最も高いところで3メートルにもおよんでいる（写真3）。この石垣も扁平な石材を用いているが、これだけの高さであるにもかかわらず、ほぼ垂直に積み上げている。

なお、山家城は主郭の背後に五本もの堀切を設けているのであるが、その背後にもさらに曲輪を構えており、広大な城域を造成している。しかし、石垣が認められるのは主郭の周囲だけであり、極めて象徴的に石垣が用いられたのではないかと考えられる。

(4) 埴原城（松本市）

埴原城は林城の南部に所在する鉢伏山地に築かれている。東西約850メートル、南北約650メートルという広大な城域を有する山城であるが、この城に関する史料は一切知られていない。主郭の周囲には高さ1.5メートルの石垣が築かれているが、一部では二段積みとなり、その高さは3メートルにおよんでいる（写真

写真４　埴原城の石垣

４）。ここでも石垣には扁平の石材が用いられ、垂直に近く積み上げられている。また、埴原城も広大な城域のなかで主郭周囲にのみ石垣が用いられている。

(5) 青柳城（筑北村・麻績村）

青柳《あおやぎ》城は虚空蔵山を越えた筑摩郡の北部に所在する城山に築かれている。天正十年（一五八二）の武田氏滅亡後、筑摩郡北部は小笠原貞慶《さだよし》と上杉景勝《かげかつ》との争奪の場となった。青柳城もこの両氏の争いに巻き込まれ、最終的には天正十八年（一五九〇）頃までは存続していたものと考えられる。

主郭の北辺には石垣が築かれ、最も高いところでは高さ４㍍強を測る。主郭では他の面にも部分的に石垣が認められ、築城当初は主郭はすべて石垣によって築かれていたものと思われる。ここの石垣も扁平の石材が用いられ、やはり垂直に積み上げられている。また、石垣は主郭にのみ用いられているのも共通している。

これらの城以外にも長野県では、鞍骨《くらほね》城（千曲市・長野市）で扁平の石材を積む石垣や、塩崎《しおざき》城（長野市）、松尾《まつお》城（上田市）、志賀《しが》城（佐久市）などでも石垣が認められる。

2　信濃の石垣の年代をめぐって

では、こうした松本周辺の山城の石垣はいつ頃築かれたものなのであろうか。天正十年（一五八二）に信濃を支配していた武田氏が滅ぶと、徳川家康を背後に小笠原貞慶が深志《ふかし》城を奪還する。以後、信濃では木曽義昌《よしまさ》、徳川家康をバックにした小笠原貞慶、上杉景勝をバックとした小笠原貞種《さだたね》の三つ巴の抗争の場となった。石垣はこの段階で築かれたものと考えられていた。

おそらくそうした説には、石垣は高度な技術であり、武田氏の信濃支配以前のものとは考えられないという前提に起因しているのだろう。しかし、そもそも石垣は高度な軍事施設として評価できるのであろうか。安土築城以前にも、列島の各地で石垣構築の事例は確認できる。安土城以前の石垣は、決して軍事的に発達した防御施設などではないのである。

軍事的に発達した石垣とは、直線的に構築され、かつ随所に折をつけて横矢をかける構造をもつ。さらに構築場所は、主郭周囲の斜面よりも虎口部分に導入される傾向が強い。防御の要となる虎口部分を軍事的に強化するために築かれた石垣であり、その嚆矢は十五世紀後半から十六世紀初頭の田辺城で認められる。

つまり信濃の石垣は決して軍事的に発達した石垣、つまり天正十年以後の石垣

写真5　殿村遺跡の石垣

ではないのである。おそらく天正十年以後に導入された石垣であれば、いわゆる織豊系城郭の石垣に類似するような石垣となっていたはずである。

さらに徳川家康がバックについたので石垣が築かれたという説も成り立つようであるが、家康は天正十年段階では石垣を築く技術を持ち得ていない。家康が自らの築城に石垣を導入するのは江戸城からである。それも天正十八年（一五九〇）に江戸に入城した段階ではなく、慶長八年（一六〇三）の改修以後である。つまり天正十年直後に家康が石垣を築く工人集団を掌握していたとは考え難いのである。

ここで改めて松本周辺の山城の石垣の特徴を列記しておきたい。

①扁平の石材を用いる。
②高さは1～4㍍程度で、垂直に積む。
③鉢巻状に土塁の上部に積む。
④主郭周辺にのみ用いる。

では、松本周辺の石垣の構築をどう考えればよいのだろうか。その答えを導き出す重要な資料が殿村《とのむら》遺跡（松本市会田）である。殿村遺跡からは十五世紀後半と考えられる石垣が検出された（写真5）。遺跡の性格は当初、在地領主の会田《あいだ》氏の居館と考えられていたが、現在は調査成果より寺院などの宗教施設と考えられている。その正面に石垣が構えられており、

写真６　虚空蔵山城の石垣

構築技術は長方形の石材を横位に積む工法であった。

さらに殿村遺跡の背後に聳える虚空蔵山《こくぞうさん》に築かれた虚空蔵山城も石垣によって築かれていたことが明らかになった。特に中ノ陣と、秋吉城と呼ばれる尾根上に築かれた部分には扁平の石材によって垂直に積まれた石垣が認められる。しかも、この中ノ陣と秋吉城に挟まれた谷筋に築かれたテラスで実施された発掘調査でも、扁平の石材を積み上げた石垣が検出されたのである（写真６）。その構築年代は出土した遺物から十五世紀末〜十六世紀初頭と見られている。

このように虚空蔵山麓では、まず十五世紀後半に殿村遺跡が石垣によって造営され、そうした寺院側の技術によって同時期に虚空蔵山城に石垣が導入されたものと考えられる。そしてそうした石垣構築技術が十六世紀中〜後半頃に守護小笠原氏や、その関連する山城にも導入されたと考えられる。家康や貞慶よりも、寺院がもっていた石垣構築技術の系譜の延長線上に、林城や桐原城、埴原城、山家城の石垣は位置づけられるものと考えている。

おわりに

日本列島では十五世紀後半から十六世紀初頭頃に山城に石垣が導入されるようになった。さらに織田信長も自らの居城を石垣によって築くようになる。各地の石垣は十五世紀末からのうねりとして出現したものであった。そして信長の石垣による築城は日本城郭史上の革命的変化であった。以後の日本の城は石垣、天守、瓦を用いるようになる。

松本周辺の山城の石垣も、そうした十五世紀末からのうねりのなかで出現したものとして評価できよう。

※初出「信濃の山城の再検討—特に石垣を中心として—」(『小笠原氏城館群』松本市教育委員会、二〇一六年所収)。一部を使用し、加筆・修正して写真・図版を追加。

Ⅴ 播磨・備前の石垣

置塩城の年代と築城主体

置塩城の石垣

はじめに

兵庫県飾磨《しかま》郡夢前《ゆめさき》町に所在する置塩《おじお》城は、戦国期の山城であるにもかかわらず石垣が存在する山城として古くより知られていた。しかし、その石垣の構築年代については漠然としたものであり、必ずしも明確な年代比定はなされていないのが実情である。

本章では置塩城に残存する石垣について構造を分析し、播磨・備前地域に認められる石垣と比較することにより、その実年代、ひいては築城主体を明らかにしようとするものである。

1 置塩城に残る石垣

さて、置塩城では現在までに五〇ヶ所において石垣の存在が確認されている。これらの石垣は地表面からの分布調査で確認されたものであり、今後の発掘調査でさらに検出される可能性がある。なお、確認されている石垣は城跡全域に分布しており、ほぼ城域全体が石垣によって構築されていたようである。

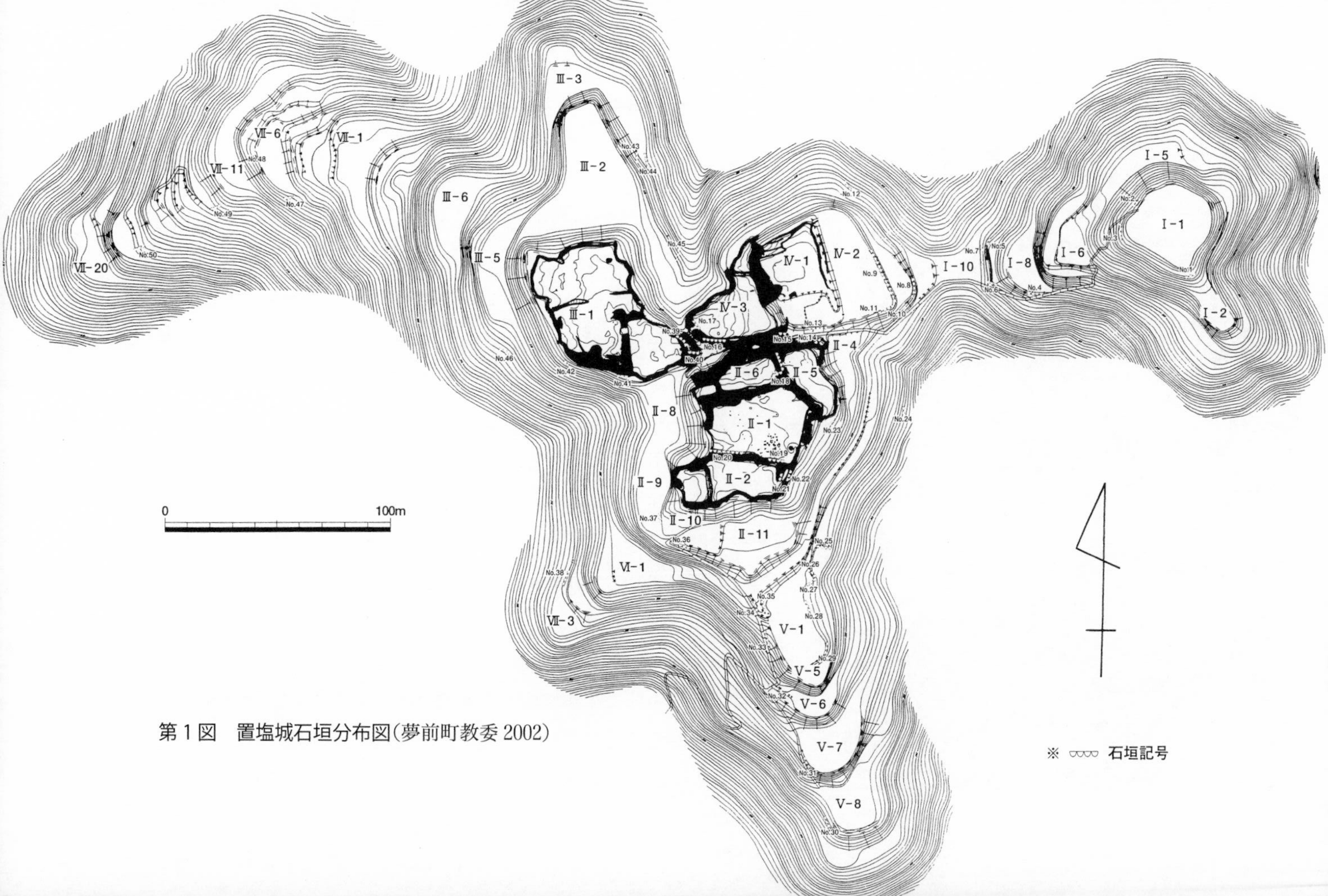

第１図　置塩城石垣分布図(夢前町教委 2002)

※ ▽▽▽▽ 石垣記号

写真１　置塩城タイプ１の石垣（№１）　郭Ⅰ-1

ここではまず最初に置塩城の石垣の構造と、機能について簡単に述べておきたい（第1図）。

(1) 土留めの石垣—主郭周辺（写真1）

まず、第Ⅰ—1郭の切岸面に認められる石垣、№1〜№7は曲輪造成の際、削平地の崩落を防ぐ土留め的なものである。天端《てんば》まで石が積まれている箇所や、下端《したば》まで続く石垣はなく、裾部のみまたは天端のみに積まれたようである。したがって、その上層に重量建造物が載るような石垣ではない。なお、天端まで石積みが残存しないのは城割り（破城）の結果かもしれないが、城割りの場合、天端崩しの石材が曲輪周辺に散乱しているはずであるが、置塩城ではこうした石材の散乱も認められないため、城割りの結果とは言い難く、当初より裾まわりのみ、または天端のみに五〜六段積まれた石垣であった可能性が高い。

(2) 石築地（写真2）

第Ⅱ曲輪群と第Ⅳ曲輪群の間は城道として利用されているが、その面に石垣№13が構築されている。この石垣は曲輪の切岸面に土留め的な用途で構築された石垣ではなく、塀の基壇的色彩が強く、いわゆる「石築地」で

写真２　置塩城タイプ２の石垣（№16）　郭Ⅳ-1

ある。おそらく上部には土塀が築かれていたと考えられる。同様に築地として築かれた石垣としては№16・21・22・34・35などが挙げられる。こうした切岸の斜面に築かれた土留め的な石垣や石築地の石垣に共通する特徴として、長辺1㍍前後の粗割石を横位に用い、ほぼ垂直に積み上げている点が挙げられる。また、石材と石材の間は隙間が大きく空くが、間詰《まづめ》石はさほど詰められていない。このため一見無造作に積まれているように見えるが、粗割りされた割れ面を石垣の表面に揃えており、意識的に面（ツラ）を合わせていることがわかる。

断面を観察すると、そう控えはないものの、石垣背面には角礫が充填されており、石材を調達した際に生じたチップを栗石《ぐりいし》（裏込《うらごめ》石《いし》）として利用している。

(3) 見せる石垣―大石垣―（写真３）

石垣№38は、城跡に残る石垣では最大の石材が用いられている。ただ、登城ルートでもなく、中心的な曲輪でもなく、この部分にあえて巨石を用いる必然性はない。この問題については後述する。

ところで石垣の分布は第1図に示されている通り、ほぼ城跡全域

写真３　置塩城タイプ３の石垣（№ 38）　郭Ⅶ -3

写真４　置塩城タイプ３の石垣の側面（№ 38）　郭Ⅶ -3

写真5　感状山城の石垣（南曲輪群二段目腰曲輪石垣）

に構築されているが、その分布状況については、中心部に集中することと、周辺部の曲輪にもほぼ全曲輪で確認されているものの、特に西面に集中している点は注目される。

今後の調査によって東面の状況も明らかにされると思われるが、現状では西面に対する強い意識が感じられる。

2　周辺地域における石垣

さて、置塩城に残された石垣を再検討するためには、周辺の中世末期～近世初頭の石垣について概観する必要があろう。ここでは備前・播磨の石垣について検討しておきたい。

(1) 感状山城（兵庫県相生市、写真5・6、第2図）

感状山城《かんじょうさんじょう》もほぼ城域全体で石垣が確認されている。特に南曲輪群二段目腰曲輪では全長21メートル、高さ約4．5メートルを測る高石垣が構築されている。隅部は直角とならず丸く収めている点は注目される。報告書では、角ばってコーナーを作るところまで技術的水準が高まっていなかった結果としている。また、南Ⅱ曲輪から北Ⅱ曲輪の西面は途中崩落があるも

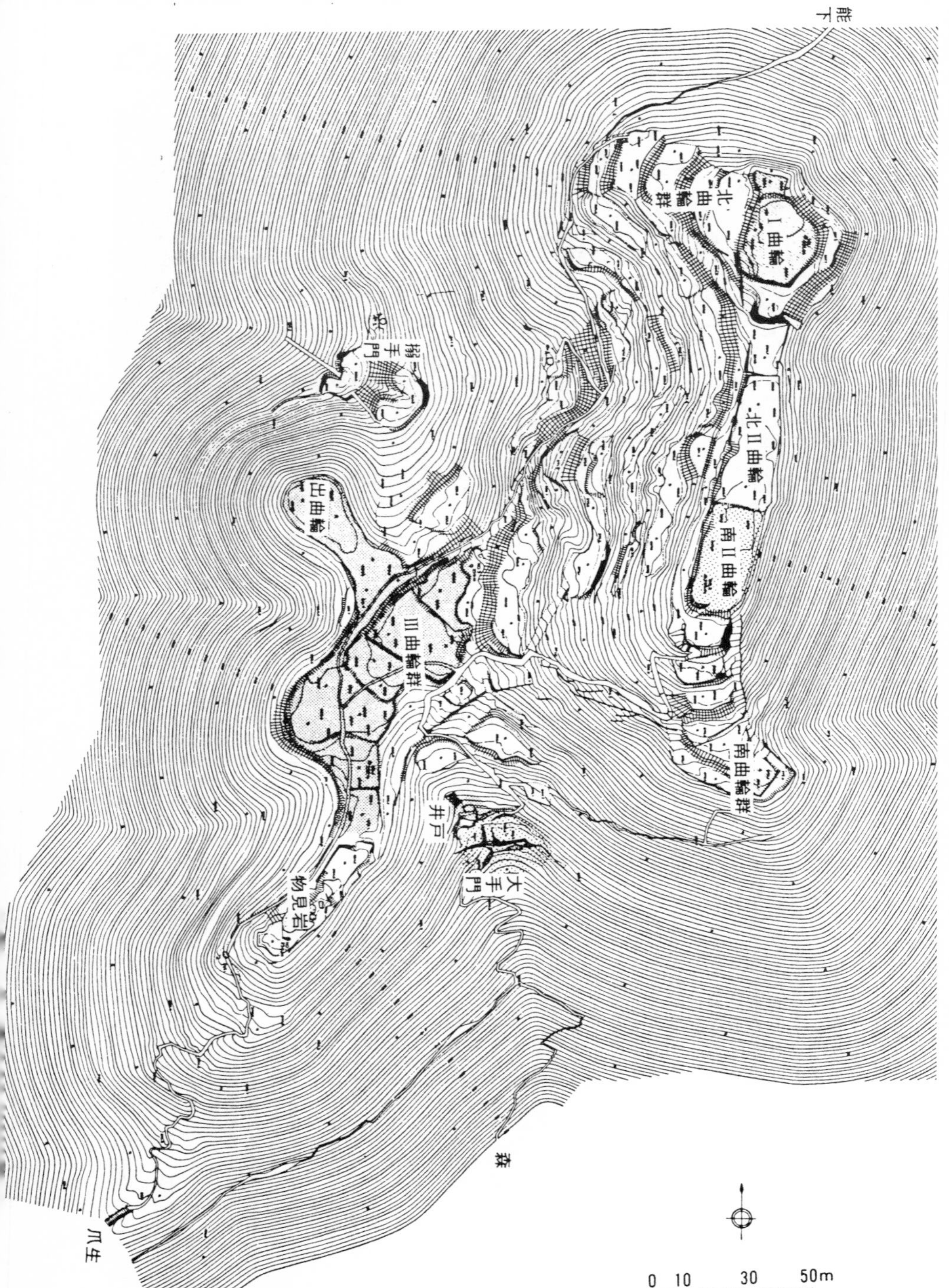

第２図　感状山城概要図（相生市教委 1989）

写真６　感状山城の石垣（南Ⅱ曲輪〜北Ⅱ曲輪西面石垣）

のの、ほぼ一直線、約90㍍におよぶ石垣が認められる。高さは約1.5〜2.0㍍におよび、これらの石垣は単なる土留めではなく、天端いっぱいまで築かれており、切岸面を石垣としている。

石垣の石材には粗割石が用いられており、ほぼ垂直に積んでいる。南Ⅱ曲輪では立ち上がり角度が90度を測る。石材と石材間の隙間は大きいが、間詰石はあまり用いられていない。断面の観察では石材を採掘した際に生じたチップを栗石（裏込石）としている。

なお、感状山城では発掘調査が実施されており、Ⅰ曲輪、南Ⅱ曲輪で礎石建物が検出されている。こうした点も置塩城と同様である。しかし、置塩城では瓦が出土するものの、感状山城では瓦の出土がない。

さて、こうした感状山城の石垣構築年代であるが、海老名家文書の分析より天文《てんぶん》十六年（一五四七）までは龍野《たつの》赤松氏の支配下にあった矢野荘那波《なわ》周辺が、元亀《げんき》二年（一五七一）には備前浦上《うらがみ》氏の支配下となっている。この矢野荘の在地領主岡氏が浦上氏、次いで宇喜多《うきた》氏に従って知行が与えられていることが、「浮田家分限帳」「宇喜多秀家侍帳」「浦上宗景武鑑」などで知られている。元亀二年といえば宇喜多直家《なおいえ》はすでに自立しており、矢野荘は浦上氏支配の

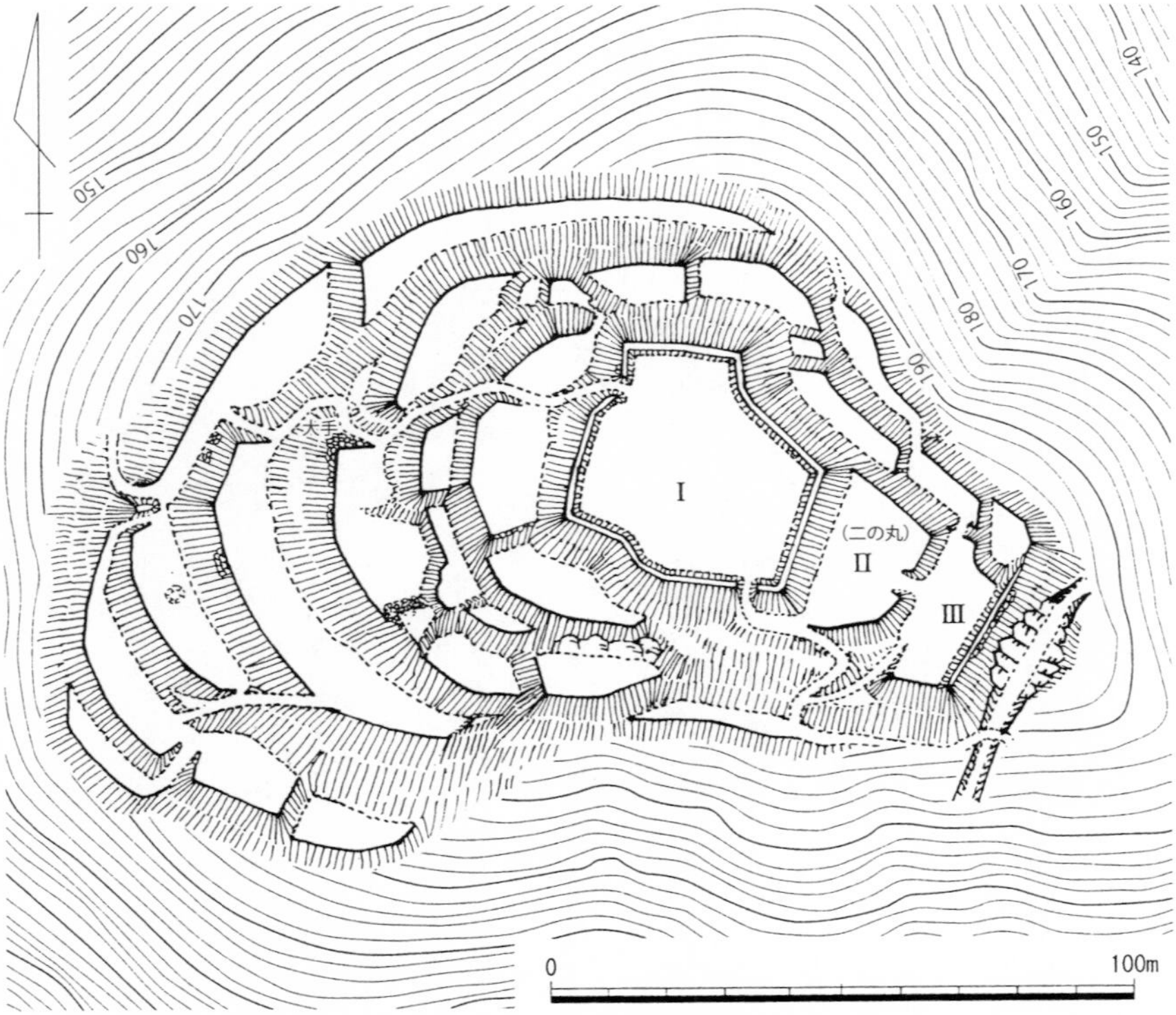

第3図　富田松山城概要図（岡山県教委 2020）

直後には宇喜多氏に取って代わられたものと考えられる。宇喜多氏は毛利氏と組み、西播磨はその最前線となるが、天正七年（一五七九）には宇喜多氏は織田方へ寝返ったため佐用・赤穂両郡は事実上、慶長五年（一六〇〇）まで宇喜多氏領であった。

　こうした歴史的経緯と、石垣の技術をあわせて考えると、感状山城に残る石垣は織豊系の石垣ではないことは明らかで、おそらく元亀二年前後から天正七年（一五七一〜一五七九）までに構築されたものと見られる。その構築主体は浦上氏もしくは宇喜多氏の可能性が最も高い［竹本 一九八九］。

⑵ **富田松山城**（岡山県備前市、写真7・8、第3図）

　備前片上《かたがみ》は山陽道片上宿と、備前焼の生産地・出荷地を押さえ得る地である。富田松山《とだまつやま》城は片上湾を望む絶好の位置に築かれている。

　石垣は大手と称される城郭の西側に認められる。高さは2㍍程度あるが、他の場所では石垣は現在のとこ

写真７　富田松山城石垣（大手）

ろ認められない。城道を押え得る位置にのみ限定して石垣が構築された可能性が高い。この石垣の石材は人頭大の小振りの石材を乱雑ではあるが、ほぼ垂直に積み上げている。このため崩壊も激しい。断面および散乱している石材の状況から栗石（裏込石）は少量ではあるが用いられていたようである。

主郭の東側、通称二の丸では曲輪端部の天端に列石が認められるが、これは石垣ではなく、基礎石の可能性が高い。

なお、主郭の周囲には見事に土塁が取り巻くが、石垣の痕跡は一切認められない。こうした主郭の状況からも富田松山城の場合、石垣は極めて限られた場所にのみ構築されていたようである。

江戸時代の記録ではあるが、信憑性の高い『備前軍記』には文明《ぶんめい》十五年（一四八三）の福岡合戦で片上の城が登場しており、これが富田松山城である可能性が高い。おそらく三石《みついし》城を拠点としていた備前守護代浦上氏の支城のひとつとして築城されたものと考えられる。

享禄《きょうろく》四年（一五三一）に浦上村宗《むらむね》が死去すると、三男国秀《くにひで》が富田松山城に入るが、翌年には長兄政宗《まさむね》によって攻め落とされ

写真８　富田松山城石垣（大手）

る。しかし、その後は再び国秀が城主となり、さらに永禄《えいろく》十二年（一五六九）には宗景《むねかげ》の家臣で同族とみられる景行《かげゆき》が城主となっている。天正五年（一五七七）、天神山城の浦上宗景が宇喜多直家に滅ぼされると同時に富田松山城も攻め落とされ、以後廃城となった。

こうした歴史的背景より、現存する石垣は国秀再入城の頃、つまり天文年間（一五三二〜五五）のものと判断されている［出宮 一九八〇］。しかし、天神山城同様、天正五年以降は宇喜多氏によって改修を受けている可能性が高く、浦上氏の場合でも天正五年直前の可能性も視野に入れておくべきであろう。いずれにせよ、技術的には明らかに同時期の織豊系城郭の石垣とは相違しており、そこに織豊大名の影響は認められず、浦上、宇喜多両氏の抗争のなかで構築されたことはまちがいない。

⑶ 天神山城（岡山県佐伯町、写真９・10、第４図）

天神山城は備前の戦国大名浦上宗景の本城である。非常な痩せ尾根にほぼ一直線上に曲輪を配し、曲輪の両側に石垣を構築している。場所によっては腰曲輪を設け、二〜三重に石垣を重ねている箇所も認められる。崩落、城割りの結果、崩れた場所も多いが、崩落した石材の

第４図　天神山城概要図（岡山県教委 2020）

写真 9　天神山城石垣（大手部分）

写真 10　天神山城石垣（桜馬場）

状況などからほぼ城域全体に石垣が構築されていたと考えられる。

城跡中、最も残存状況が良好な場所は「桜馬場」の南面石垣であろう。粗割り石を用いて、高さ約2㍍ほどをほぼ垂直に積み上げている。石材と石材間は隙間も大きく、間詰石もあまり用いていない。また、面（ツラ）も揃えていない。断面の観察では栗石（裏込石）も認められる。

なお、城跡中の「馬屋の段」からはコビキA手法（糸切り手法）によって生産された瓦も出土している。

天神山城は享禄五年（一五三二）、浦上宗景によってその本城として築城されている。こうした史料から残存する石垣自体の構築年代も享禄五年と考えられている。さらに天正五年（一五七七）には宇喜多直家によって攻め落とされており、以後廃城になったとも見られている。しかし、城跡からは天正八年前後と見られる瓦が出土しており、宇喜多氏が改修して利用している可能性は非常に高い。しかし、文禄年間の瓦は出土しておらず、今のところ宇喜多氏が織田方に属するまでの年代が考えられる［乗岡 二〇〇一］。

石垣構築技術からも明らかに織豊系の石垣とは相違しており、感状山城と同様、天正初年頃の構築と考えられよう。その構築主体については宇喜多氏の可能性が最も高いが、浦上氏の可能性も残る。

なお、最近の文献史料からの研究では天神山城の落城について、天正三年（一

写真11　三石城石垣（大手）

五七五）説が最有力とのことである［依藤二〇〇二］。

(4) 三石城（岡山県備前市、写真11・12、第5図）

三石《みついし》は備前と播磨の国境に位置する要衝の地である。この三石を眼下に望む天王山の山頂に築かれたのが三石城である。

石垣は通称三の丸の先端部に構築された小曲輪と、大手曲輪にのみ認められる。また、本丸には石垣による基壇があり、周辺には瓦片も散乱していることから建物の基壇とみられ、石垣というよりも建物基壇としたほうがよいだろう。

三石城の圧巻は何といっても大手虎口の石垣である（V）。一部に二段築造の箇所も認められるが、高さ約3メートルにおよぶ石垣は粗割り石を用いてほぼ垂直に積まれている。石材は大小が入り交じる。断面からの観察では栗石も認められる。三石城の基本は土造りの城であり、石垣の使用箇所はかなり限られた局部的使用といえよう。

三石城の歴史は鎌倉末期までさかのぼるというが、その実態が明瞭になるのはやはり浦上氏の時代からである。赤松氏が備前国守護職に任じられると、重臣浦上氏は守護代として三石城をその居城とした。

大永《だいえい》元年（一五二一）、守護赤松義村《よしむら》を播磨室津《むろのつ》で討った浦上村宗は実質

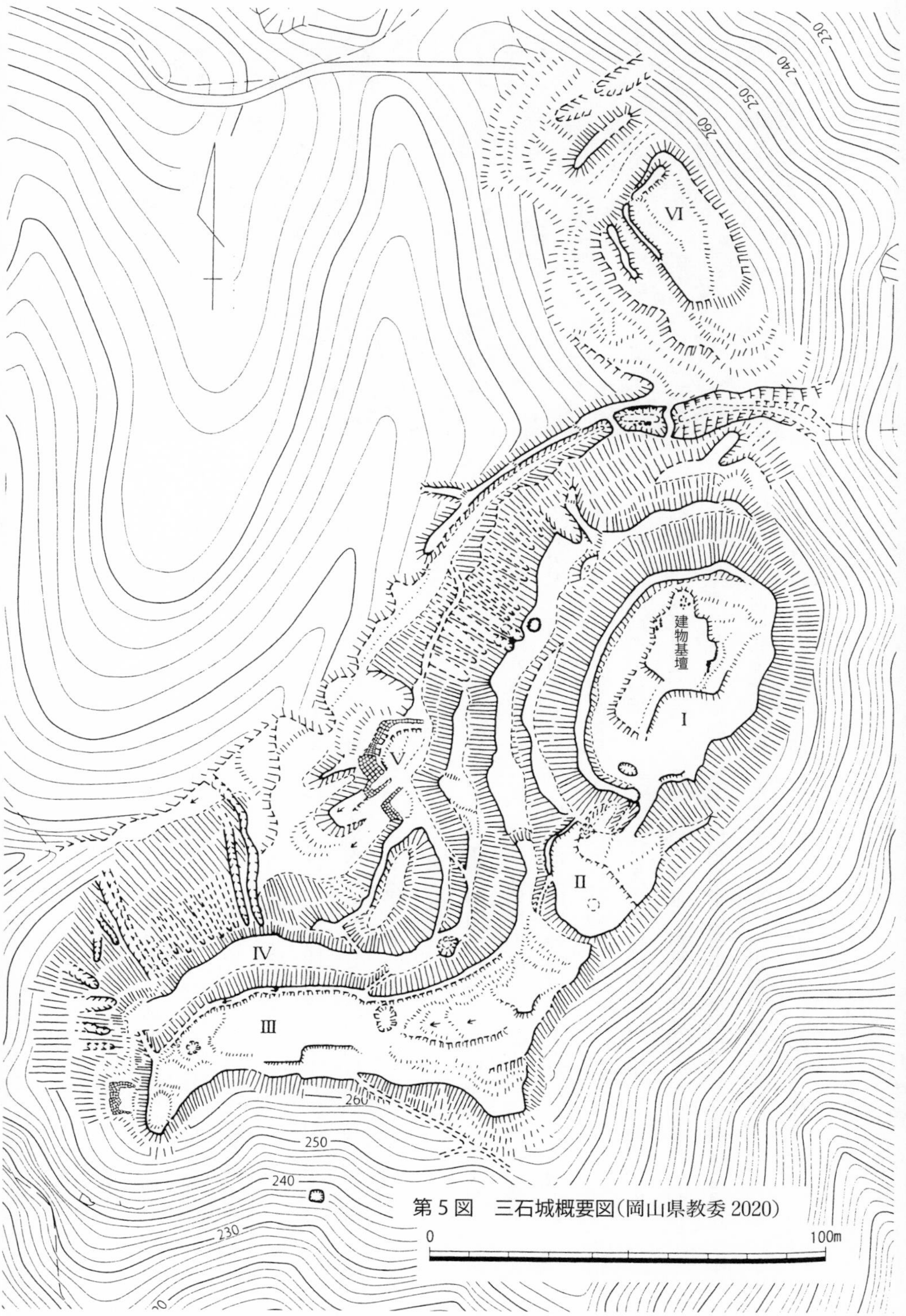

第 5 図　三石城概要図（岡山県教委 2020）

写真12　三石城石垣（大手）

的に西播磨、東備前の戦国大名となり、三石城がその居城となった。村宗没後、長子政宗は居城を播磨室津へ移し、次子宗景は備前天神山に城を構え、三石城をその支城とし、兄弟間で相争うこととなった。そして宗景が備前、美作南部、播磨南西部を領有するにおよんで国境の城としての機能も低下したが、天正五年（一五七七）以後は宇喜多氏の支城となったようである。

さて、この石垣の構築年代については、出宮徳尚さんが十六世紀前半の2期浦上村宗の頃として、村宗が赤松義村と対立して三石城に籠ったと伝わる永正《えいしょう》十五年（一五一八）を上限、村宗没年の前の年である享禄《きょうろく》三年（一五三〇）を下限とみる説を示している［出宮 一九八〇］。

出宮さんの想定を整理すると、大手虎口の石垣は、三石城全体の土壇築成による構築とは異質であること、また完成度も高いことから、三石城の築城時期が十六世紀前葉であるならば、備前国内の山城に築かれた石垣の導入過程から考えても、異常に早い事例だというのである。

確かに出宮さんが指摘されるように大手虎口の石垣は、戦国・織豊期のものとしては完成度が高く、同一地域内の他の城郭と比較しても同年代の石垣として評価できる。しかし、十六世紀前半にまでさかのぼらせるのはどうだろうか。仮に浦上氏の構築であるとしても、村宗が没した享禄四年以後、宗景が兄政村との対立を克服した永禄六年（一五六三）以降の可能性が高いのではないか。さらには浦上氏以後の宇喜多氏による改修も充分に考えられる。私は三石城の大手虎口の石垣は、十六世紀後半の一五七〇年代以降に想定したい。

角田誠さんは、本丸内部の石垣と大手虎口の石垣がまったく異質なものであり、前者を浦上氏段階のもの、後者を宇喜多氏段階のものと推定され、宇喜多氏は大堀切を設けることによって、鶯丸（VI郭）を捨てた城域設定をおこない、虎口部分の防御性を高めたとしている［角田 一九九三］。従うべき見解であろう。

3 考察

最近の発掘調査成果や悉皆調査の結果、織豊系城郭の石垣（以下、織豊系石垣と称する）とは明らかに構築技術が相違する石垣あるいは石積みが各地から報告されている。

たとえば八王子城（東京都八王子市）や太田金山城（群馬県太田市）の調査では、最下段の石をやや突き出して石垣を構築していたことが報告されている。これは「顎止め石」技法と呼ばれ、北条氏の特徴として捉えられている［宮田他 一九九九］。

また、中国地方の戦国大名毛利氏領内では、立石を等間隔に配し、その間に横長の石を積み上げていく、独特の石積み工法が存在し、文献史料に登場する「石つき之もの共」が築いたとされている［木村 一九九六］。

こうした各地に残る織豊系石垣以外の石垣について、二〇〇〇年に全国的視野からのシンポジウムが全国城郭研究者セミナーで開催された。私は近畿地方における事例を発表したが、そこだけでも約一〇〇以上の戦国期城郭に石積み、石垣が使用されていることを明らかにできた。しかし、それらの大半は部分的で小規模な、土留め用の石垣に過ぎない。石垣構築技術として捉えられるものではなく、極めて簡単な積み方に過ぎない〔中井二〇〇二〕。

ところが、そうした石積みではなく、一方で明らかに技術がなければ築き得ない石垣も存在する。その集中地域のひとつに備前（東備）、播磨（西播）をあげることができる。こうした西播・東備地方の城郭石垣には、次のような共通する特徴がある。

①石材には粗割り石を用いる

Ⓐ人頭大程度の比較的小形の石材を用いる〔富田松山城・天神山城〕

Ⓑ同時に長辺1㍍程度の大形の石材を用いる〔置塩城・三石城・感状山城〕

②垂直に積み上げる

③石材と石材間の隙間は大きいが、間詰石はほとんど伴わない

④栗石（裏込石）を伴う

⑤石垣の構築場所については

Ⓐ城域全体を石垣によって構築〔置塩城・感状山城〕

Ⓑ城域の一部分を石垣によって構築〔富田松山城・天神山城・三石城〕

さらに直接石垣とは関わらないが、構築年代や構築主体を検討するうえで重要な資料として、

⑥瓦出土の有無

Ⓐ瓦が出土する〔置塩城・天神山城・富田松山城・三石城〕

Ⓑ瓦が出土しない〔感状山城〕

さらに共通する重要な点は、石材はすべて地山の岩盤を粗割りしたものを用いていることである。曲輪を平坦に造成する段階で生じた粗割り石が石垣の石材となり、同時に生じたチップが栗石として用いられたわけである。

置塩城の築地状石垣No.16などは、類例を求めるとするならば城郭の石垣ではなく、白山平泉寺で検出された石築地に酷似している。白山平泉寺の石築地は十五世紀に構築されたもので、巨大な中世寺院内の坊院同士を結ぶ往来用の通路に構築されている〔宝珍他 一九九〇〜九三〕。置塩城の分類(2)石垣（石築地）No.16はその位置と機能などから、防御施設としての遮断線や土留めの石垣ではなく、こうした寺院の通路と同じ機能を果たす石垣であった。

また、置塩城の分類(3)大石垣は、長辺2㍍におよぶ巨石を用いている。戦国期の山城で同様の石垣として注目できるのが、近年の発掘調査によって検出された佐保栗栖山城の石垣である。佐保栗栖山城で検出された石垣は出土遺物の年代観

写真13　佐保栗栖山城石垣（曲輪石積No.10）

より十五世紀後半から十六世紀前半に位置づけられる。石垣の使用箇所は虎口周辺と極めて限定された場所のみであり、しかも用いられている石材は人頭大の小形のものばかりであった。ところが、曲輪4の石積No.10（写真13）では、長辺1.0〜1.5㍍を測る巨大な石材が用いられている［市本他 二〇〇〇］。その使用位置については、置塩城のNo.38石垣と同様に中心部ではない。しかし、山麓からは見える位置にあり、山麓より見せる石垣であったと考えられる。

置塩城・佐保栗栖山城のいずれも巨石を用いた石垣ですら垂直に積もうという意識が強く感じられる。こうした垂直に積む思考については、小石を数段積むよりも、巨石を一〜二段にして積んだほうが崩れにくく、むしろ巨石を欲していたのではないだろうか。残念ながら戦国期段階では地山の岩盤を大きく切断して採石することはできなかったようである。

永禄十年（一五六七）、織田信長によって築かれた岐阜城では、発掘調査の結果、虎口周辺では長辺2㍍におよぶ巨石を配した石列が検出されている［内堀他 一九九〇］。一方では長辺1㍍の大形の石材を積み上げる石垣も検出されており、以後の安土城へと続く石垣の系譜を追うことができる。

その系譜上に巨石を配する石垣が存在していることは注目してよい。

第６図　佐保栗栖山城石垣実測図（市本他 2000）

岐阜城の場合は虎口部分であり、「見せる」という意識が強く働いてはいるものの、積む行為を巨石列で済ませようとしていることはまちがいない。

さて、置塩城の石垣の構築年代について、これまで検討してきた西播、東備地域の戦国期山城との比較から考察しておきたい。まず置塩城の下限年代は天正八年（一五八〇）の羽柴秀吉による「播磨一国破城」であることは動かない。「羽柴秀吉播磨九城城割り覚」（一柳文書）には、

国中城わるへき覚

一、置塩之御城之事、小野木清次、山崎四郎右衛門

とあり、破却すべき播磨の城郭の筆頭に置塩城が挙げられている。ちなみに九城とは、

置塩城、御着《ごちゃく》城、高砂《たかさご》城、神吉《かんき》城、阿閉《あえ》城、梶原《かじわら》古城、明石《あかし》城、平野《ひらの》城、

東条《とうじょう》城

のことである。

この時期、城主赤松則房《のりふさ》は織田方に与しており、石垣も信長の影響を受けたことは考えられなくもない。しかし、同時期に築城されている秀吉の姫路城の石垣は、出隅部では算木積みが十六世紀末段階のものかと見紛うほどに構築されているし、築石部も石材の長辺を横位に積みながらも、垂直に積むのではなく、まだ直線的ではあるが傾斜を持たせており、織豊系の石垣として定形化している。置

塩城の(1)～(3)として取り上げた石垣とは明らかに工法が異なっている。むしろ置塩城の石垣は、感状山城や三石城、天神山城、富田松山城といった西播、東備地域の戦国期山城の石垣に類似する。つまり、赤松則房は織田方の一員となったものの、石垣の構築には信長の影響はなかったようである。

現在のところ置塩城の石垣は、西播、東備の諸城郭の年代と置塩城の廃城年代から、元亀二年（一五七一）から天正八年（一五八〇）頃までの間に構築されたと考えるのが妥当であろうと考える。その築城主体は赤松則房の可能性が高い。西播、東備の諸城の石垣は浦上氏か宇喜多氏のいずれかであることは議論の余地はない。このように置塩城周辺地域においては、信長などの戦国大名がもつ固有の石垣構築の技術ではなく、地域に育まれた石垣の構築技術として捉えられるのではないだろうか。

西播・東備地域の地質は風化した花崗岩地帯であり、戦国期の山城が大規模に造成される時代のなかで、地山を削平した際に生じた粗割石を土留めとして石垣に用いていたと考えられる。山城に石垣を導入するのは、十六世紀初頭にさかのぼる石積みは別として、西播・東備地域の事例は列島内でも比較的早い時期であり、織豊系の石垣とほぼ同時期であった。

しかし、宇喜多氏や毛利氏が天正後半から文禄期にかけて築城した撫川《なつかわ》城（写真14）・常山《つねやま》城（写真16）・徳倉《とくら》城・虎倉《こくら》城・金川《かなかわ》城・岡山《おかやま》城（写真15）・広島城な

※初出「置塩城跡の石垣―播磨・備前地域の戦国期城郭からの検討―」（『置塩城跡総合調査報告書』夢前町教育委員会、二〇〇二年所収）。加筆・修正し、写真・図版を追加。

写真14　撫川城跡石垣

どで姫路城のような織豊系の石垣が導入されているのは、地域の技術で高石垣が構築できなかったことを端的に示している。おそらく、今後、さらなる山城の石垣についての確認が進めば、各地に根付いた地域的な石垣構築に関する技術の実態が明らかにされるであろう。

なお、近畿地方における城郭石垣については、その構築技術が寺社造営技術の影響を受けたものであることは明らかである。西播・

写真 15　岡山城本丸中の段で検出された石垣

写真 16　常山城石垣

東備地方の石垣構築技術も同地域における寺社造営技術の影響を受けていた可能性は十分に考えられるので、今後の検討課題としておきたい。

VI 織豊期城郭の石垣

八幡山城の石垣

写真１　大溝城（滋賀県）石垣　天正６年（1578）

はじめに

安土築城以前の列島の各地で、どのような石垣が築かれていたのかを構築技法や石の積み方などの特徴がわかるように概観してきた。最後に、安土築城後の主な石垣を取り上げ、戦国時代から安土築城を経るなかで、城郭の石垣のあり方がいかに変わっていくのか探ってみたい。

1　織豊期石垣の様相

(1) 大溝城

天正六年（一五七八）に新たな近江高島郡支配の拠点として築かれたのが大溝城《おおみぞ》である。城主織田信澄《のぶずみ》は信長の甥（信長の弟信行《のぶゆき》の子）にあたる。信澄が天正十年に大坂で殺害されると丹羽《にわ》長秀《ながひで》、加藤光泰《みつやす》、生駒《いこま》親正《ちかまさ》、京極高次《きょうごくたかつぐ》が城主となり、天正十八年に高次が八幡山城に移ると廃城となる。現在その天守台の石垣が残されている。自然石を用いた野面積みで、石材には長辺2メートルを超える巨石が多く用いられている。出隅

写真２　周山城（京都府）石垣　天正７年（1579）頃

部の稜線は不揃いで、勾配もゆるやかである。

ほぼ同時期に築かれた安土城では粗割石《あらわり》が用いられた打込接《うちこみはぎ》と呼び得る積み方より古い段階の積み方は、動員された職能集団の相違を示しており、織豊系城郭の石垣技術が定型化する以前の形態を示すものとして注目できる。

(2) 周山城

天正七年（一五七九）には『兼見卿記《かねみきょうき》』に明智光秀《みつひで》の周山城《しゅうざん》で月見をしたとの記録があり、その頃には光秀丹波支配の東丹波の支城として機能していたものと考えられる。周山の山頂部に本丸を中心として数段にわたって曲輪を配置しており、それらはすべて石垣によって築かれている。本丸の中心には石垣による方形の壇が構えられ、天守台と考えられる。ただ、穴蔵形式となる天守台に開口部が三ヶ所にわたって設けられる特異な構造を呈している。

石垣は地元で産出するチャートを用いているが、すべて自然石もしくは粗割石ばかりの野面積みによって築かれている。光秀は丹波において周山城以外に亀山城《かめやま》、黒井城《くろい》、福知山城《ふくちやま》、八上城《やかみ》などを築くが、残存する石垣はすべて自然石と粗割石を用いた野面積みである。

写真3　八幡山城（滋賀県）石垣　天正13年（1585）～文禄4年（1595）

(3) 八幡山城

八幡山《はちまんやま》城は、天正十三年（一五八五）に秀吉の猶子秀次《ひでつぐ》の居城として築かれた。鶴翼山《かくよくさん》の山頂に築かれた山城と、山麓の居館という二元構造の城で、山上山下ともに石垣によって構えられている。石垣の石材は大半が粗割石を用いた打込接であるが、極めて少量の石材に矢穴痕が認められる。

ところが本丸の南西出隅部の角石には矢穴痕の残る方柱状の石材が多く用いられており、この部分は天正十八年（一五九〇）に入城した京極高次によって改修された可能性が高い。高次は文禄四年（一五九五）の秀次事件により大津《おおつ》城へ移され、八幡山城は廃城となる。出隅の隅石の矢穴による方柱に割られている出来の良さから限りなく文禄四年に近い改修と見られる。

(4) 水口岡山城

豊臣秀吉は小牧長久手合戦の翌年、天正十三年（一五八五）に近江を最前線と位置づけ、秀次を八幡山城に、長浜《ながはま》城に山内一豊《やまうちかずとよ》、佐和山《さわやま》城に堀尾吉晴、そして水口岡山《みなくちおかやま》に中村一氏《かずうじ》を配した。慶長五年（一六〇〇）の関ケ原合戦では合戦直後に池田長吉《ながよし》に攻められ落城する。一時、長吉

写真4　水口岡山城（滋賀県）石垣　天正13年（1585）

が接取するものの直後には廃城となっている。現在城跡に残る石垣は天正十三年から慶長五年までの間に収まることはまちがいなく、その大半は築城時の天正十三年に構築された石垣とみられる。

現存する石垣のなかには矢穴痕の認められる石材が極めて少数ではあるが用いられている。近世の地誌『近江與地志略』には築城に際して三雲《みくも》城の石材を運んだと記載されており、三雲城には六角氏による矢穴技法で割られた石材が認められるため、水口岡山城の矢穴で割られた石材は三雲城から運ばれた可能性が高い。

なお、本丸・大手・腰曲輪で発掘調査が実施され、いずれの曲輪からも石垣の基底部が検出されている。石垣の背面からは栗石の充填された構造が確認されている。なお、大半の石垣は崩されており、破城の痕跡も見事に示している。

(5) 金山城

天文六年（一五三七）に斎藤正義《まさよし》によって築かれた当初は烏峰《うほう》城と称していた。永禄八年（一五六五）、織田信長が東濃支配の拠点として森可成《よしなり》を入れ置き、森氏の居城となったあとは兼山城と称した。慶長五年（一六〇〇）に森忠政《ただまさ》が信濃川中島に移ると

写真5　金山城（岐阜県）石垣　文禄〜慶長初年（1592 〜 1600）

廃城になる。

山頂の本丸には見事な枡形虎口が構えられ、北東隅部には天守の存在を示す穴蔵状の遺構も検出されている。注目されるのは本丸全面から検出された礎石で、本丸御殿と呼べるような巨大な建物跡である。本丸より一段下に構えられている東腰曲輪、南腰曲輪、西腰曲輪からも礎石建物が検出されている。こうした遺構ではコビキB手法の瓦が出土している。

石垣は山上部の諸曲輪および出丸、さらには西山麓部の米蔵跡にも用いられている。いずれも山城の構えられた山から産出するチャートの自然石を用い、野面積みで積み上げられている。石垣の構築年代は、出土瓦との整合性より文禄〜慶長期にかけて、忠政によって築かれたものと考えられる。

⑹　吉田城

天正十八年（一五九〇）に徳川家康が関東に移されると、吉田城には池田照政《てるまさ》が入れ置かれる。この段階で石垣の城に大改修が施されたものと考えられる。残存する石垣の大半は花崗岩を用いた江戸時代以降に積み直された切込接《きりこみはぎ》積みであるが、本丸の北西

写真 6-1　吉田城（愛知県）石垣　天正 18 年（1590）頃ヵ

写真 6-2　吉田城鉄櫓石垣

吉田城本丸北西隅に配された鉄櫓の石垣は高さ 11.6m の高石垣。チャートや石灰岩の自然石を積む野面積み。矢穴痕の残る石材はない。発掘調査で基底部の構築が明らかとなった。豊川河岸の低湿地に築かれているが、石垣基底部の前面に幅 3 mほどに溝を掘り、礫を充填して粘土を叩いて基礎としている。

写真 7-1　清須城(愛知県)石垣(移築)　天正 18 年(1590)頃ヵ

隅部の鉄櫓下の高石垣は地元のチャートの自然石を用いた野面積みの高石垣で、天正後半から文禄頃に照政によって築かれたものと見られる。

この鉄櫓下の高石垣は発掘調査によって基底部の構造が明らかとなっている。豊川の河岸部に選地しているにもかかわらず、胴木は用いず、溝状に掘り下げた部分に根石を据え、その前面に礫と粘土を詰めて埋め、石垣の基礎を固めていた。

(7) 清須城

清須は尾張守護所として機能しており、信長も一時居城としていたが、本格的な城郭としては天正十四年（一五八六）に織田信雄《のぶかつ》による改修を受けている。ところが織豊系城郭としての重要な要素である石垣が地表面に残されておらず、例外的な構造ではないかと考えられていた。

ところが発掘調査で石垣が検出された結果、やはり典型的な織豊系城郭として評価することができた。検出された石垣は五条川の河岸部という低湿地に築かれており、石垣の不同沈下を防ぐため梯子胴木を構えて築かれていた。石垣は自然石を用いた野面積みで、石材には「雑賀」、「孫一郎」と記された墨書が確認されている。なお、石垣は噴砂の状況より天正十三年（一五八五）に起こった天正地震以後に築かれたもので、

写真 7-2　清須城の胴木（移築）

五条川の河岸に築かれた清須城では織豊系城郭としては珍しく石垣が認められなかった。ところが発掘調査の結果、石垣が検出され、やはり石垣、瓦、礎石建物という 3 つの要素によって築かれた城郭であったことが判明した。石垣の基底部にはアカマツ、コウヤマキ、ケヤキを用いた胴木が検出された。また、石材には「雑賀」、「孫一郎」と墨書されたものが確認されており、石垣普請に関与した職能集団の名を記したものと考えられる。

天正 13 年（1585）の天正地震以後に築かれたもので、織田信雄による改修、または天正 18 年（1590）以降に入城した豊臣秀次によって改修されたものと考えられる。

信雄による改修が有力視されるものの、あるいはその後入城した豊臣秀次の可能性も視野に入れておく必要がある。

⑻ 石垣山城

天正十八年（一五九〇）に豊臣秀吉は北条氏攻めをおこなう。北条氏は居城である小田原城に籠城するが、その小田原城攻めの秀吉の本陣として築かれたのが石垣山《いしがきやま》城である。総石垣で瓦葺き、天守を有する城郭がわずか八〇日で完成している。『北条記』には「太閤は天狗か神か」と記されている。

石垣山城の石垣普請で注目

写真 8　石垣山城（神奈川県）石垣　天正 18 年（1590）

写真 9　但馬竹田城（兵庫県）石垣　文禄 3 年（1594）頃ヵ

されるのが、天正十八年七月十一日付の小早川隆景《こばやかわたかかげ》、吉川広家《きっかわひろいえ》に宛てた秀吉の書状で、穴太三五人の帰路について宿馬《しゅくうま》の手配が命じられている。この書状より石垣山城の石垣普請に穴太が動員されていたことがわかる。ここに記された穴太とは石垣構築者のことである。

石垣山城の石垣は関東大震災によってかなり崩れているが、もっとも残存状況の良好な井戸曲輪では高石垣を築くにあたって段築が施されている。石垣は地元の安山岩を粗割りして用いた野面積みである。矢穴技法は認められない。

⑼ 但馬竹田城

天空の城として一躍有名になった但馬竹田城の石垣は、典型的な織豊系城郭の石垣である。従来は野面積みであるとか、自然石を積む石垣といわれてきたが、石垣石材には矢穴痕が認められ、割石を用いた打込接による積み方である。矢穴痕の認められる石材は少量で、多くは粗割石を用いている。

注目されるのは出隅部の基底石に立石を用いる技法である。多くの織豊系城郭の石垣では出隅部には長辺と短辺を交互に横積みする算木《さんぎ》積《づ》み技法となり、立石は用いない。立石はわずかに肥前名護屋城に認められ、構築年代としてはその前後と考えられる。

採集された瓦のなかに十字文（クルス）の花弁状のものと同心円文の彫刻を施

写真 10　熊本城（熊本県）石垣隅角部新旧 2 時期　16 世紀末～ 17 世紀初頭

し、周囲を綾杉状に彫刻した叩き痕の残る丸瓦があり、明らかに朝鮮半島の造瓦技法によるものである。織豊期の城主である赤松（斎村）広秀《ひろひで》は文禄の役に参戦渡海していることより、竹田城の築城はその直後の文禄三年（一五九四）に想定できよう。

⑽ 熊本城

熊本城の築城は天正十八年（一五八八）頃の段階と、朝鮮出兵後の慶長四年（一五九九）の段階がある。前者は熊本城の西南端の古城の部分である。後者が茶臼山に築かれた現在の熊本城である。

加藤清正《きよまさ》によって築かれた大天守台では見事な反りを持つ。石材は矢穴技法によって割られた割石を用いた打込接で積まれている。また、増改築段階の石垣も残されており、もっとも有名なものが本丸南面の二様の石垣である。かつては加藤清正時代と細川時代の石垣といわれていたが、現在では清正時代の慶長四～十一年の石垣の前面に、寛永二～九年の加藤忠広《ただひろ》段階の石垣が増築されたものと考えられており、一か所で二時期の石垣を見ることができる。注目されるのは石垣の勾配で、清正時代の石垣は大きく反りを持たせるが、忠広時代の石垣は反りが減少し直線的になっている。

写真 11　西生浦倭城（韓国）登り石垣　1590 年代

⑾ 西生浦倭城

秀吉の朝鮮出兵によって半島の南海岸に橋頭堡として豊臣軍が約三〇ヶ所にわたって城郭を構えた。これを倭城《わじょう》と呼んでいる。港湾を押さえるという目的のため、港の背後に位置する山頂に選地し、山城から港へ登り石垣を設け、山城と港を一体化して防御しているのが特徴である。拠点となる西生浦《ソセンポ》倭城、熊川《ウンチョン》倭城、蔚山《ウルサン》倭城、順天《スンチョン》倭城などでは広大な外郭ラインを土塁と横堀によって構えているが、中心部はすべて石垣で築かれている。

西生浦倭城は文禄二年（一五九三）に加藤清正によって築かれ、清正自身が在番している。慶長の役でも清正が入城するが、その後は浅野幸長《よしなが》が在番した。蔚山籠城戦後は毛利吉成《よしなり》、黒田長政《ながまさ》が在番する。

その規模は倭城のなかでも群を抜く。なかでも山上部から山麓部にかけて構えられた二本の登り石垣は長大で圧巻である。石垣は粗割石を用いた打込接で築かれている。天守台をはじめ石垣には多くの増築部が認められ、虎口に関しては開口部を石垣によって埋めてしまった箇所もあり、数度におよぶ改築痕が認められる。

写真12　熊川倭城（韓国）天守台　1590年代

⑿ 熊川倭城

熊川湾に面して南北に突出した半島状の山頂に築かれている。文禄二年（一五九三）に小西行長《ゆきなが》、宗義智《そうよしとし》、上杉景勝《かげかつ》らによって築かれた。日本側では「こもかいの城」と呼んでいる。西生浦倭城、順天倭城とともに倭城中、最大級の規模をもつ城である。

石垣は粗割石を用いた打込接で築かれている。半島状に突出した山上に選地する山城は城の南北両側に山麓にまで至る長大な登り石垣を築き、山の両側で斜面移動を封鎖している。熊川倭城の登り石垣の特徴は、登り石垣の数ヵ所で折や櫓台を築き、さらなる強固な遮断線としている点である。登り石垣には城内側に合雁木《あいがんぎ》が数か所にわたって設けられている。なお、北側山腹には居館と見られる曲輪と石垣が残る。

縄張りで注目されるのは広大な曲輪に敵方の大軍が攻めてきたとき、一挙に占領されないよう曲輪内に石塁を設けている点である。この仕切石垣と呼ばれる構造は、朝鮮出兵後に国内で築城された二条城・大坂城・駿府城など徳川幕府によって築かれた城に多用されることとなる。

2　織豊期城郭の石垣の特徴

以上、主な織豊期城郭の石垣を紹介したので、最後に特徴をまとめておきたい。すでに述べたように、信長の安土築城以後、城郭全体が石垣によって築かれることになるが、安土以前の岐阜城・小牧山城でも石垣が検出されている。明らかに信長の築城は、当初から石垣造りの城を指向していたのである。また、元亀二年（一五七一）の細川藤孝《ふじたか》による勝龍寺《しょうりゅうじ》城、同三年（一五七二）の明智光秀による坂本《さかもと》城でも石垣が用いられ、発掘調査によって両城には同笵《どうはん》瓦が出土していることも明らかになった。築城にあたっては同じ工人を動員していたことがわかり、信長による差配であったと考えられる。信長とその家臣団の築城には石垣が用いられ、以後の城郭にも貫徹されてゆく。

野面積み工法　信長時代の石垣の特徴は、自然石と粗割《あらわり》石のみを用いた野面《のづら》積みの工法であった。安土城の黒金門の石垣には円礫を半截《はんさい》し、割面の平滑面を小口面として、築石面を平滑に仕上げている構造がよくわかる。

野面積みは自然石を用いて築石面が平滑にならないといわれているが、小牧山城・岐阜城・安土城などの信長の居城のほか、大溝城などの一門衆や家臣団の城でも意識的に平滑面を表面にして築石部を築いている。

平滑にならない築石は、どちらかといえば戦国時代の石積みに多い。石垣と石積みの相違は背後の栗石の有無によるものであるが、見せる石垣として表面を平滑にすることと、土留めとして見せることを意識しない石積みとの相違も重要である。

胴木の採用　さらに信長時代の石垣として注目しておきたいのが、基底部の構造として胴木《どうぎ》を用いる点である。安土城の山麓にある内堀で発掘調査され、堀の城内側で石垣を検出したが、その基底部には胴木が敷設されていたことを確認した。胴木には十二世紀頃の柱材を転用していた。

小牧山城・岐阜城・安土城は山城であり、石垣構築に地盤沈下などの対応は必要なかった。しかし、安土山麓は琵琶湖の内湖地帯という低湿地にあり、石垣を築くには地盤が極めて不安定である。地盤沈下を起こして石垣が崩落するのを防ぐため、胴木が採用されたのである。

さらに胴木は元亀二年築城の勝龍寺城の本丸石垣でも、同三年築城の坂本城の石垣でも検出されている。信長の低湿地帯における築城の石垣には、最初から胴木が導入されていたことがわかる。

以後の築城でも天正八年（一五八〇）に池田恒興《つねおき》に命じて築かせた兵庫城では、検出された石垣のすべてに胴木を用いていた。兵庫城は兵庫津に隣接する低湿地にあり、石垣構築に胴木が必須であったことを示している。

写真13　兵庫城の胴木

天正8年(1580)に織田信長は兵庫津を防御するために池田恒興に兵庫城を築かせた。城郭遺構は地上にまったく痕跡を残しておらず幻の城であった。神戸市中央卸売市場の改修に伴い発掘調査が実施されたところ、曲輪輪郭の石垣の基底部がほぼ全体で検出された。兵庫津周辺では中世以降多くの寺院が建立されており、それらの寺院に用いられた石塔、層塔の転用材が数多く用いられていた。注目されるのは石垣のすべてに胴木が用いられていたことである。胴木には穿孔された木材もあり、縄を結わえて持ち込んだことを示している。

信長築城による最初期の石垣構築では、すでに低地では胴木を用いている技術は注目される。こうした土木技術によって以後の石垣構築は、加速度的に発達することとなる。

しかし、基礎構築を入念におこなったわりには、石材に関しては自然石、もしくは粗割石しか用いていない。安土築城二十年前の弘治二年(一五五六)に築かれたとみられる観音寺城の石垣では、矢穴技法によって割られた石材が用いられていた(Ⅱ章参照)。信長は安土築城にあたって、近江の採石技術を利用しなかったようである。

Ⅱ章の繰り返しになるが、観音寺城の石垣普請に関しては金剛輪寺の「下倉米銭下用帳」の弘治二年の記録に「御屋形様石垣打事」として金剛輪寺の西座衆に対して六角氏が「石垣打」を要求しており、おそらく寺社の持つ石垣構築への動員と見られる。近江では甲賀地方で十三世紀頃と見られる矢穴痕が岩瀬谷古墳群で検出されている（Ⅲ章参照）。さらにその周辺では十四世紀と見られる矢穴痕を残す石仏も存在しており、きわめて早い段階で矢穴技法が伝わっていたことが判明している。

おそらく湖東地方では矢穴技法が寺社に定着していたことを示しており、それが観音寺城の石垣構築や石材確保につながっていったものと考えられる。

最近、北垣聰一郎さんは、延暦寺に従属する中世の石積み技能者（職能民）の本貫地は、畿内では近江坂本の穴太以外にはないとし、延暦寺末寺の金剛輪寺西座に石を積む穴太がいたとする根拠は乏しいとする［北垣二〇二一］。

しかし、ここで注目したいのは矢穴技法による石割技法である。北垣さんのいう穴太の石積みの特徴は自然石を積む野面積みである。一方、観音寺城の石垣は、矢穴技法による割石を用いた石垣構築という点に特徴がある。

まず、前提として問題となるのは、穴太による石垣は野面積みであることは異論のないところであるが、観音寺城の石垣はどう分類できるのであろうか。矢穴技法による割石を用いた石垣は野面積みには分類できない。さらに観音寺城の石垣を詳細に観察すると、円礫を半裁した粗割石も多く認められる。矢穴技法による割石と粗割石を用いた石垣の併用は打込接に分類できるのだろうか。それも違和感がないわけではない。

現在用いられている野面積み・打込接・切込接という分類は荻生徂徠によって享保十二年（一七二七）に著された『鈐録《けんろく》』によるものである。今後はこの石垣の分類についても考古学的に再検討する必要があろう。

さて、北垣さんがいうように、石積み技能者（職能民）としての穴太が石を積むだけではなく、採石から石を積むまでの技能者として認識するのであれば、穴太と観音寺城を築いた石垣構築集団とは明らかに異なる集団によって築かれたことは明らかである。北垣さんの主張する坂本の穴太以外にはないという論は成り立たない。やはり穴太という職能民とは別の職能集団が存在し、それは十三世紀以来、矢穴技法による割石を用いて石を加工してきた集団であって、金剛輪寺や百済寺、敏満寺などの湖東の巨大な寺院勢力に従属していた集団であったと考えるべきである。

安土城には現在のところ矢穴痕のある石材はほとんど認められない。数点は確認できるが、観音寺城と比較しても極端に量が少ない。安土城では矢穴技法による石材を供給したのではなく、矢穴痕のある石材を転用したのではないかと考えられる。『信長公記』には「観音寺山・長命寺山・長光寺山・伊場山、所々の大石を引下し、千・弐千・三千宛にて安土山へ上せられ候。」（天正四年〈一五七六〉四月条）とあり、観音寺山からも石材を搬入したことが記されている。安土城にわずかに残る矢穴痕のある石材は観音寺城からの転用材と考えられる。

では、安土城の石垣を築いたのは、いずれの職能集団なのだろうか。矢穴技法を採用しないということは、観音寺城の石垣を築いた職能集団ではない。古くより穴太衆といわれているけれども、それは江戸時代中頃に成立した『明良洪範』という逸話・見聞集に収められた穴太の先祖由緒書に記されているに過ぎない。

むしろ信長が永禄六年（一五六三）に築いた小牧山城で石垣の城を指向し、岐阜城でも石垣を用いていることを考えると、小牧山築城以来、信長の築城に携わっていた職能集団によるものと考えるのが妥当であろう。

ただし、安土築城は小牧山城・岐阜城とは比較にならないほどの大規模な石垣による築城工事である。信長配下の職能集団だけではなく、近江の穴太も動員されたものと考えられる。『信長公記』に記された「石奉行、西尾小左衛門・小沢六郎三郎・吉田平内・大西、」（天正四年四月条）の経歴を考えることも今後の課題になろう。

信長配下の城郭で石垣の構築についてもっともよくわかる事例が明智光秀によって築かれた城郭である。天正七年（一五七九）の丹波平定後、光秀は丹波支配の拠点として口丹波に亀山《かめやま》城を築き、支城として中丹波に福知山《ふくちやま》城、西丹波に黒《くろ》井《い》城、東丹波に周山《しゅうざん》城、さらに八上《やがみ》城を配置した。これらの本支城のなかで亀山城は江戸時代に大きく改修されてしまい光秀段階の遺構は残していない。しかし、福知山城・黒井城・周山城・八上城では光秀段階の石垣が良好に残されている。いずれも自然石・粗割石・転用石が用いられているのみで、矢穴技法による割石は使われていない。

織豊期の城郭石垣で矢穴技法による割石を導入するのは、天正十一年（一五八三）の豊臣秀吉によって築かれた大坂城の石垣を嚆矢とする。豊臣大坂城本丸詰丸の南東出隅部の発掘調査によって検出された石垣では、数例の矢穴技法によって割られた割石が確認された。また、三の丸で検出された石垣からも矢穴技法によって割られた石材が認められる。これは時代的な先進性なのではなく、信長時代とは異なる職能集団を秀吉が動員したものと考えている。矢穴技法が信長の安土築城以前より採用されていたことは、近江の観音寺城の石垣、越前の一乗谷朝倉氏遺跡、白山平泉寺でも確認できる（Ⅱ章参照）。決して安土築城以後に導入された技法なのではない。秀吉の大坂築城では四天王寺の瓦職人を動員しており、石垣に関しても寺院の職能集団が動員されたと考えられる。

秀吉期の石垣で年代が明確で、なおかつ遺構の残存状況の良好な事例としては、八幡山城がある。出隅部の角石では、方形柱に加工した石材を揃えているが、この規格石材は矢穴技法によって割られた割石であり、矢穴痕も認められる。しかし築石面に用いられた石材は、自然石もしくは粗割石が大半であり、矢穴技法によって割られた石材をほとんど用いない。同じような石材の使い分けは、大和郡

写真 14　伏見城　根石を据える介石

本文では取り上げなかったが、伏見城は文禄元年(1592)に指月の地に築かれた伏見城と、文禄 5 年(1596)に慶長伏見地震によって指月伏見城が倒壊した後に木幡山に再建された伏見城が存在する。2021 年に木幡伏見城段階で浅野家の屋敷地が発掘された。木幡伏見城の大名屋敷遺構に完全に埋められた、指月伏見城時代の石垣の基底部が検出された。石垣構築にあたってはまず溝を掘り、そこに根石を据えるために配された介石が検出された。根石を据えた後に石垣の石を積み、溝は埋められていた。根切りとも呼ぶべき工法であった。

山城天守台、米子城天守台でも見られる。隅角部には矢穴技法によって割られた石材を用い、規格を揃えた方形柱の角石を使うのである。

八幡山城は天正十三年（一五八五）に豊臣秀《ひで》次《つぐ》によって築かれたものであるが、同十八年（一五九〇）に京極高次《たかつぐ》が入城する。高次は文禄四年（一五九五）の秀次事件によって大津城へ移され、八幡山城は廃城となる。出隅部にも大きさが揃わず矢穴痕のない石材の用いられた石垣も存在し、二時期の石垣が想定される。大きさを揃えるために矢穴技法によって割られた石材を用いた出隅部は、高次の在城時代である天正十八年から文禄四年に築かれたものと考えられる。郡山城跡天守台・米子城跡天守台の石垣も、この頃に築かれたものと考えられる。

大坂城本丸詰丸の石垣では、まだ出隅部の角石は不揃いで矢穴痕もない。したがって、天正末年頃より文禄初年になると、隅角部には矢穴

写真15　肥前名護屋城 旧本丸石垣

技法による割石材が用いられたものと考えられる。

いまひとつ文禄期の事例としては、但馬竹田城があげられる。朝鮮の造瓦技術によって製作された瓦が出土していることより城主赤松広秀《ひろひで》が文禄の役より帰陣した直後の文禄三年（一五九四）頃の築城と見られる。石垣には矢穴技法によって割られた多くの石材が認められ、典型的な打込接《うちこみはぎ》の石垣である。ただ、隅角部には立石を多用しており、安土城や大坂城では見られない構造である。また、採石に関しては南千畳の岩盤に矢穴痕が残されており、石垣石材が城の築かれた山で採石されていたことがわかる。

秀吉築城でもっとも注目されるのが肥前名護屋《なごや》城である。朝鮮出兵の大本営として天正十九年（一五九一）に築かれた城である。ここでも矢穴技法によって割られた石材が用いられているが、もっとも興味深い点は場所によってさまざまな技法による石垣が認められることである。

野面積みに近い石垣や切石積みに近い石垣などを見ることができる。名護屋城の石垣普請は全国の大名たちが動員された割普請であり、それがさまざまな石垣構築に現われている。

さらに重要なことは名護屋に全国の大名が集まったことである。

写真16　清水山城一の丸石垣

陣にも石垣が用いられており、大名間で石垣に対して共通の技術が全国的に伝播したものと考えられる。

対馬の清水山城は秀吉が朝鮮へ動座するための宿館として築かれた。現存する石垣遺構は扁平な石材を垂直に近い勾配で積まれた一の丸の石垣と（写真16）、粗割された石材の平滑面を築石面に揃え、傾斜を持つ勾配で積まれた二の丸（写真17）、三の丸の石垣では明らかに技術の相違が認められる。これは時代的変遷を示すのではなく、割普請による構築者の違いによるものと見られる。本丸の特徴的な積み方は対馬で多く認められる技法である。対して二の丸、三の丸の石垣は打込接で名護屋城の中心部の石垣と同じで豊臣期城郭の石垣と言うことができる。

清水山城の石垣については相良《さがら》長毎《ながつね》、高橋直次《なおつぐ》、筑紫広門《ひろかど》らが動員されており、割普請で築かれた石垣である。九州の大名たちが豊臣期城郭石垣の技法を学んで清水山城の石垣を築いたのであろう。

さらに石垣の全国的普及を促進したのは朝鮮出兵の際に築かれた倭城《わじょう》の築城である。平壌での敗北以降、朝鮮半島における橋頭堡の確保が必須となって半島南岸に築かれたのが倭城である。その構築と在番は明確に分けられており、少なくとも朝鮮出兵に参戦した大名たちにとっては石垣を築くことが重要な任務となる。金海竹島《キメチクド》倭城の石垣普請に動員さ

写真 17　清水山城二の丸石垣

れた伊達政宗《まさむね》は書状で「かみしゅ《（上衆）》ニそっともおとり《（劣）》不申候」と述べており、石垣を築けたことに対する喜びを伝えている。

かつて倭城は秀吉の朝鮮侵略の象徴として、さらには近代日本帝国主義の朝鮮支配の支柱でもあり、敗戦後は忌諱され、沈黙されてきた。しかし、倭城の石垣普請はその後の近世城郭の石垣に多大な影響を与えたことはまちがいない。倭城に残された石垣はほぼ同じ構造であり、すでに大名間で統一的な石垣構築技法が完成されていたことを示している。

慶長五年（一六〇〇）の関ケ原合戦は戦国時代に平和をもたらしたのではなく、最大の軍事的緊張関係を生んだ。合戦の論功行賞により諸大名は増減封により新たな領地を与えられる。新たな領地での一揆など造反の可能性、隣国に配された大名との軋轢など内憂外患状態となった。たとえば掛川城主山内《やまうち》一豊《かずとよ》は関ケ原合戦の戦功により土佐一国が与えられた。土佐は西軍長宗我部《ちょうそがべ》盛親《もりちか》の領国であり、長宗我部氏の旧臣たちによる一揆の可能性も高い。そこで新たな居城として高知城が築かれる。

また、隣国に配された大名との軋轢がある。筑前一国を与えられ新たな居城を築いた黒田長政《ながまさ》は、豊前に配置された細川忠興《ただおき》と不仲であった。そのため豊前との国境に筑前六端城と呼ばれる支城を築く。

関ケ原合戦直後の数年間はこのような新たな居城や支城が全国的に築

かれている。これを慶長の築城ラッシュと呼ぶが、それらの大半は石垣を用いた築城である。それまでも矢穴技法によって割られた石材が用いられていたのであるが、関ケ原合戦後の築城では圧倒的に矢穴技法で割られた石材が増加する。これは慶長の築城ラッシュに大量の割石が必要となったものの、職能集団の数が需要に追いつかず、誰でもが割れる矢穴技法が普及した結果である。

戦国時代の石垣として知られる観音寺城の石垣に用いられている矢穴技法の特徴は石材端部に矢穴を二、三穴のみで割っている点にある。北原治さんはこれを観音寺技法と呼んでいる。最小限の矢穴で石を割ることができる熟練の職能者による技法である。

ところが慶長の築城ラッシュは熟練工だけではまかないきれない大量の割石を必要とした。そこで誰でもが割れるように全辺的に列点状の矢穴を入れる矢穴技法が普及したものと考えられる。

信長の天正四年（一五七六）の安土築城から慶長五年（一六〇〇）までわずか二十四年間に石垣の構築技術は加速度的に発達した。そこに肥前名護屋築城や倭城築城が極めて重要であったことがわかる。決して歴史の仇花《あだばな》として沈黙するのではなく、近世城郭成立へ多大の影響を与えた築城としての評価が求められよう。

※Ⅵ章、新稿。

参考文献一覧

市本芳三他　二〇〇〇『佐保栗栖山砦跡―国際文化公園都市特定土地区画整理事業に伴う調査報告書』㈶大阪府文化財調査研究センター
岩田隆他　一九八九『特別史跡一乗谷朝倉氏遺跡―昭和63年度発掘調査整備事業概報―』福井県立朝倉氏遺跡資料館
岩田隆他　一九九四『特別史跡一乗谷朝倉氏遺跡　平成6年度発掘調査環境整備事業概要（26）』福井県立一乗谷朝倉氏遺跡資料館
岩崎誠他　一九九一『勝龍寺城発掘調査報告』㈶長岡京市埋蔵文化財センター
内堀信雄他　一九九〇『千畳敷Ⅰ―織田信長居館伝承地の発掘調査と史跡整備―』岐阜市教育委員会
内堀信雄　二〇一四「小牧山城・岐阜城・安土城」『中世城館の考古学』高志書院
大沼芳幸　一九九五「安土城石垣ノート―調査整備からの雑感―」『研究紀要』第3号　滋賀県安土城郭調査研究所
岡山県教育委員会　二〇二〇『岡山県中世城館跡総合調査報告書第1冊　備前編』
小野友記子　二〇二一「織田信長と小牧山」『天下人信長の基礎構造』高志書院
北垣聰一郎　一九八七『石垣普請』法政大学出版局
北垣聰一郎　二〇二一「中世石積み技能者「穴太」の本貫地と、近世の「穴太」」『武田氏研究』第63号
北原　治　二〇〇八「矢穴考１―観音寺技法の提唱について―」『紀要』第21号　㈶滋賀県文化財保護協会
木村信幸　一九九二「石垣築造のプロフェッショナル「石つき之もの共」について」『中世城館遺跡保存整備事業発掘調査報告2　史跡吉川氏城館跡　万徳院跡―第2次発掘調査概要―』広島県教育委員会
木村信幸　一九九六「「石つき之もの共」について」『織豊城郭』第3号　織豊期城郭研究会
京都市高速鉄道烏丸線内遺跡調査会　一九七五『平安京関係遺跡発掘調査概報―京都市高速鉄道烏丸線内遺跡発掘調査―』
京都市高速鉄道烏丸線内遺跡調査会　一九七九～八一『京都市高速鉄道烏丸線内遺跡調査年報』Ⅰ―Ⅲ
小竹森直子　一九九四「安土城石垣所感」『研究紀要』第2号　滋賀県安土城郭調査研究所
佐伯和也他　一九九四『根来寺坊院跡―広域営農団地農道整備事業に伴う埋蔵文化財発掘調査報告書―』和歌山県教育委員会・㈶和歌山県文化財センター
佐藤亜聖　二〇〇九「中世石造物の普及をささえた技術」『歴博』一五五
佐藤亜聖　二〇一九『中世石工の考古学』高志書院
滋賀県教育委員会　一九八一『岡山城跡発掘調査報告書』
滋賀県教育委員会　一九八六『滋賀県中世城郭分布調査4（旧蒲生・神崎郡の城）』
滋賀県教育委員会　一九九三『滋賀県石造建造物調査報告書』
滋賀県教育委員会　二〇〇四『特別史跡安土城跡環境整備事業報

告書11』
滋賀県教育委員会　二〇〇九『特別史跡安土城跡発掘調査報告書Ⅱ』
下高大輔他　二〇一九「近江地方の戦国期城郭石垣の様相」『戦国時代における石垣技術の考古学的研究』平成28～31年度学術研究助成金基盤研究（C）研究成果報告書（研究代表者：中井均）
新谷和之　二〇一八『戦国期六角氏権力と地域社会』思文閣出版
大東市教育委員会・四條畷市教育委員会　二〇二〇『飯盛城跡総合調査報告書』
竹本敬市他　一九八九『感状山城跡発掘調査報告書』相生市教育委員会・感状山城跡調査委員会
田路正幸　一九九三『県営かんがい排水事業関連遺跡発掘調査報告書Ⅸ―4　慈恩寺・金剛寺遺跡』滋賀県教育委員会・㈶滋賀県文化財保護協会
辻川哲朗　二〇一二『岩瀬谷古墳群』滋賀県教育委員会・㈶滋賀県文化財保護協会
角田　誠　一九九三「宇喜多氏と利神城についての一考察」『播磨利神城』城郭談話会
土山公仁　一九九〇「信長系城郭における瓦の採用についての予察―同笵あるいは同型瓦を中心にして―」『岐阜市歴史博物館研究紀要』4　岐阜市歴史博物館
出宮徳尚　一九八〇「富田松山城」『日本城郭大系』第13巻　新人物往来社
出宮徳尚　一九八〇「三石城」『日本城郭大系』第13巻　新人物往来社
中井　均　一九九〇「織豊系城郭の画期―石垣・瓦・礎石建物の出現―」村田修三編『中世城郭研究論集』新人物往来社
中井　均　一九九四「織豊系城郭の特質について―石垣・瓦・礎石建物―」『織豊城郭』創刊号　織豊期城郭研究会
中井　均　二〇〇一「戦国期城郭の石垣―近畿地方における織豊系以外の石垣の検討―」『中世城郭研究』第15号
中村博司　二〇〇六「「穴太」論考―石積み技術者「穴太」の誕生と展開をめぐって―」『日本歴史』六九四号
乗岡　実　二〇〇一「戦国期城郭の石垣　中国①―岡山県を中心に―」『中世城郭研究』第15号　中世城郭研究会
宝珍伸一郎　一九九三『白山平泉寺南谷坊院跡発掘調査概報Ⅲ』勝山市教育委員会
宝珍伸一郎他　一九九〇～九三『白山平泉寺―南谷坊院跡発掘調査概報Ⅰ～Ⅲ』勝山市教育委員会
堀真人編　二〇一七『貴生川遺跡発掘調査報告書』甲賀市教育委員会・（公財）滋賀県文化財保護協会
前原市教育委員会　二〇〇三『高祖城』前原市文化財調査報告書85
南孝雄他　一九九六「25　特別史跡特別名勝慈照寺庭園」『平成5年度京都市埋蔵文化財調査概要』㈶京都市埋蔵文化財研究所
宮田毅他　一九九九「金山城跡　関東ではまれな石垣を多用した難攻不落の山城」『別冊歴史読本―最新研究　日本の城世界の城』新人物往来社
森岡秀人・藤川祐作　二〇〇八「矢穴の型式学」『古代学研究』180

吉岡泰英他　一九八九『特別史跡一乗谷朝倉氏遺跡平成元年度発掘調査環境整備事業概要（21）』福井県立朝倉氏遺跡資料館
吉岡泰英他　一九九〇『特別史跡一乗谷朝倉氏遺跡発掘調査報告Ⅲ　第4・13次、第20次調査』福井県立朝倉氏遺跡資料館
依藤　保　二〇〇二「文献編」『置塩城跡総合調査報告書』夢前町教育委員会
夢前町教育委員会　二〇〇二『置塩城跡総合調査報告書』夢前町文化財調査報告書第6集

★コラム　用語解説5　採石と加工

矢穴（やあな：14頁参照）　石材を確保するため母岩に列点状に溝を穿ち、そこにクサビ（楔・矢）を玄能で打ち込むと列点に沿って石が割れる。いわゆる切手のミシン目の原理である。その際に割れた石材の両側に歯形状に最初につけられた列点の溝が残る。

刻印（こくいん）　大名の割普請の場合、いずれの大名が担当したのかを明確にするため石材にマーク（刻印）が刻まれる。永禄六年（一五六三）の小牧山城で発掘された「佐久間」銘墨書の石垣石材は、刻印とは異なるものの、目的は同じであろう。使用目的からいえば初見資料になるが、織豊期の例は豊臣大坂城・肥前名護屋城などにあり、割普請が盛行する近世になると、使用例もバリエーションも豊富になる。

江戸切（えどきり）　出隅の角石の稜線部や築石石材の縁辺部に幅一寸程度を徹底的に磨き上げた加工を江戸切と呼ぶ。十八世紀以降に成立する加工技術。

ハツリ　石垣石材の表面をノミによって平滑に調整すること。化粧ともいう。ノミを列点状に細かく打ち欠くノミハツリ、ノミで線状に削るすだれハツリがある。

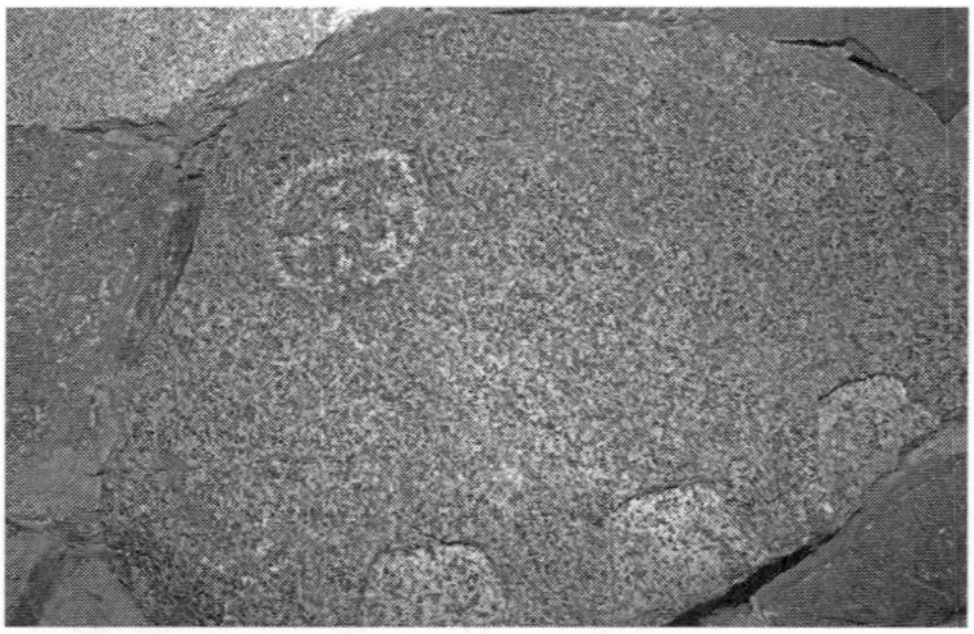

矢穴と刻印（名古屋城）

ハツリ（駿府城）

おわりに

これまで発表してきた中世城館の論文をまとめたいと高志書院の濱久年さんにお願いをしたところ、厳しい出版事情にもかかわらず快諾していただき、『中世城館の実像』、『戦国期城館と西国』として二冊を刊行していただいた。その編集段階で、石垣だけの論文をまとめて別に一冊刊行しましょうと提案していただいたのが本書刊行の経緯である。

確かに石垣の本は前から必要だと思っていただけに濱さんの提案はありがたかった。私自身中世の城館を研究するなかで、中世の城は土木施設であり、文字どおり土から成る防御施設だと考えていた。各地の発掘調査や現地踏査で石垣や石積みが検出されるのは極めて特殊な事例で、やはり石垣の出現は信長の安土城であり、唯一の例外が観音寺城だと思っていた。ところが各地で検出例が増加し、特殊な施設として扱うわけにはいかなくなった。これは畝状竪堀群の発見と事例増加とよく似ている。おそらく石垣の検出例はこれからも増えるだろう。

さて、城郭に興味をもったのは今から五十五年も前の小学五年生のことである。中学入学と同時に日本古城友の会に入会した。当時古城友の会では毎週日曜日に藤井重夫先生が主宰されて大坂城の石垣刻印調査をされており、それに私も参加させていただいた。大坂城の南外堀の底へロープを伝って降りるのが楽しく、ほぼ毎週大坂城に通った。

刻印を探し、見つけた刻印を白墨でなぞるという調査が私の城郭研究の原点となった。

石積み・石垣に関しては今から一〇年以上も前に長野県松本市で十五世紀の石垣が検出されたとの情報があったが、信濃で十五世紀の石垣などあり得ないと思っていた矢先に松本市より連絡をいただき、見学に赴いた。それが殿村遺跡である。そこにはまぎれもなく十五世紀後半の石垣が検出されており驚かされた。さらに松本市は調査を進めるために委員会を設置され、私もその一員に加えていただくこととなった。松本市はいつ来ていただいてもよいようにと私の名前を書いた長靴を用意してくださった。あるときは富山まで迎えに来ていただき松本に向かったこともあった。

その殿村遺跡を評価するために虚空蔵山城跡の調査も実施され、十五世紀後半の石垣と十六世紀前半の石垣が検出され、寺院の石垣から城郭の石垣への変遷が捉えられたのは最大の成果であった。加えてそれまで沈滞していた小笠原氏関連の山城跡の国史跡指定も急速に進み、井川城跡・林大城跡・林小城跡が指定されたことも嬉しい思い出である。

また、私は滋賀県の米原町に文化財専門職員として在職していたときに鎌刃城跡の発掘調査を担当したのであるが、思いもよらず石垣が検出された。地表面から石垣は想定していなかったのであるが、地中に埋もれた状態で石垣を検出した。これらは破城によって崩され、埋められてしまった石垣であった。鎌刃城跡は戦国時代の石垣を用いた山城として平成十七年度に国史跡に指定された。自分の調査した山城が国史跡に指定できたのは文化財担当者冥利に尽きるものであった。

滋賀県立大学への赴任後は院生や学部生と但馬竹田城跡、岡崎城跡で石垣カルテ作成も実施することができた。さらに豊橋市の学芸員となった教え子の中川永君より連絡があり、吉田城跡の石垣調査も実施することができた。

そうした調査に参加してくれた学生たちの多くが全国で文化財担当者となっているのも嬉しい限りである。

さて、城郭に興味を持ち、大学時代には城館跡を考古学から分析、研究しようと思い立ってからすでに半世紀以上が経過した。その間、城郭研究は非常に進んだ。これからも城郭石垣の研究は中世考古学、戦国時代の考古学の中心的な役割を果たすだろう。本書がこれからの若い研究者たちに少しでも役に立つことができるのであれば望外の幸せである。

最後に、本書は高志書院の濱さんなくしてはならなかった。毎度のことであるが、一言一句まで読み込んでくださり、適切なアドバイスを賜って本書がなった。ここに改めて感謝の意を表したい。

二〇二二年六月一日

中井　均

【著者略歴】

中井　均（なかい ひとし）

1955年、大阪府生まれ。龍谷大学文学部史学科卒業。米原市教育委員会、長浜城歴史博物館館長を経て、滋賀県立大学人間文化学部教授。現在、滋賀県立大学名誉教授。
専攻は考古学（中・近世の城館遺跡、大名墓）

主な著書・論文に『中世城館の実像』『戦国期城館と西国』（高志書院）、『織田・豊臣城郭の構造と展開 上』（戎光祥出版）、『秀吉と家臣団の城』（角川選書）、『城館調査の手引』『ハンドブック 日本の城』（山川出版社）、『戦国の山城を極める 厳選22城』（共著・学研プラス）、『中世城館の考古学』（共編著・高志書院）など、多数。

戦国の城と石垣

2022年6月10日第1刷発行

著　者　中井　均
発行者　濱　久年
発行所　高志書院

〒101-0051 東京都千代田区神田神保町2-28-201
TEL03（5275）5591　FAX03（5275）5592
振替口座　00140-5-170436
http://www.koshi-s.jp

印刷・製本／亜細亜印刷株式会社

ISBN978-4-86215-231-2